सुपर जीनियस कंप्यूटर लर्नर 3

मनुज बजाज • **अनिल अहलावत**

बी.ई. बी.ई.

इंजीनियरिंग कॉलेज, दिल्ली पुणे यूनिवर्सिटी

भूमिका

प्रो. बी.पी. खण्डेलवाल

पूर्व चेयरमैन, सी.बी.एस.ई.

प्रभात प्रकाशन

प्रस्तावना

कंप्यूटर ही जीवन है—यह वाक्य अतिशयोक्ति नहीं कहा जाएगा; क्योंकि कंप्यूटर ने आज हमारे जीवन में एक अभिन्न स्थान बना लिया है। बैंकों से लेकर अस्पताल तक और घर से लेकर रेलवे स्टेशन तक, सभी जगह कंप्यूटर हमारा जीवन आसान करने में लगा है। आज हम सुबह उठने से लेकर देर रात सोने तक किसी-न-किसी तरह कंप्यूटर से जुड़े रहते हैं। इसके उदाहरण हैं—ई-मेल, मोबाइल फोन, ए.टी.एम. इत्यादि। आज टी.वी., रेडियो, कार, मौसम की जानकारी, बैंक कार्य, शिक्षा, खरीददारी, सीमाओं की रक्षा, मनोरंजन, स्वास्थ्य, यात्रा आदि लगभग सभी कार्य कंप्यूटर की सहायता से हो रहे हैं। इसलिए यह आवश्यक हो जाता है कि हम सभी कंप्यूटर के बारे में जानें, उस पर बेहतर कार्य करने के तौर-तरीके सीखें।

रटे-रटाए तरीकों से हम परीक्षाएँ तो पास कर सकते हैं, लेकिन कंप्यूटर को बेहतर ढंग से नहीं समझ सकते। यह गणित की भाँति है, अतः कंप्यूटर के सूत्र सीखकर हम इस पर तरह-तरह के रचनात्मक कार्य कर सकते हैं। इसी बात को ध्यान में रखकर यह **'सुपर जीनियस कंप्यूटर लर्नर'** शृंखला भाग 1 से 8 तक तैयार की गई है। हमारा उद्देश्य है कि प्रत्येक विद्यार्थी स्वयं कार्य करे और कंप्यूटर पर बेहतर ढंग से सभी एप्लीकेशंस को चलाना सीखे। विद्यार्थी जितना ज्यादा समय प्रायोगिक कार्य करेंगे, एप्लीकेशन को बेहतर ढंग से चलाना सीख पाएँगे। अतः इस पुस्तक में प्रायोगिक ज्ञान पर ज्यादा जोर दिया गया है। विभिन्न प्रोग्राम तथा उनके स्क्रीन देने से पुस्तक का महत्त्व बहुत बढ़ गया है। इनमें तो सीधे-सीधे यह समझाया गया है कि कंप्यूटर से क्या-क्या कार्य किए जा सकते हैं तथा किस प्रकार से कार्यों को बेहतर और त्वरित गति से किया जा सकता है। गहन अनुसंधान के बाद हमने यह पाठ्यक्रम तैयार किया है और उसका परिणाम आपके हाथों में है। हमें आशा ही नहीं, वरन् पूर्ण विश्वास है कि इन पुस्तकों से आप जो सीखेंगे, वह जीवन भर आपके लिए उपयोगी सिद्ध होगा।

—लेखकद्वय

प्रकाशक • **प्रभात प्रकाशन प्रा. लि.**
4/19 आसफ अली रोड,
नई दिल्ली-110002

संस्करण • 2024
मूल्य • दो सौ पचास रुपए
मुद्रक • नरुला प्रिंटर्स, दिल्ली

SUPER GENIUS COMPUTER LEARNER-3
by Manuj Bajaj & Anil Ahlawat ₹ 250.00
Published by Prabhat Prakashan Pvt. Ltd, 4/19 Asaf Ali Road, New Delhi-2
e-mail: prabhatbooks@gmail.com ISBN 978-81-7315-925-1

भूमिका

आधुनिक युग के विकास में कंप्यूटर का अतुलनीय योगदान है। आज किसी भी क्षेत्र में कंप्यूटर की उपस्थिति अनिवार्य रूप में देखी जा सकती है। हमारे रोजमर्रा के लगभग सभी कार्य कंप्यूटर पर निर्भर हैं। बैंक का लेन-देन, रेल टिकट, ए.टी.एम. सेवा, मोटरकार व हवाई जहाज नियंत्रण, पुस्तक-प्रकाशन, दस्तावेज तैयार करना, फोटो, फिल्म व संगीत से जुड़े कार्य, कक्षा में पढ़ाई करना इत्यादि सभी कार्य कंप्यूटर की मदद से सरलता से, तेजी से और त्रुटिहीनता के साथ पूरे हो जाते हैं। यही कारण है कि आज के युग को 'कंप्यूटर का युग' कहा जाता है।

विज्ञान, तकनीकी, शोध, चिकित्सा, प्रौद्योगिकी, उड्डयन, संचार एवं शिक्षा के साथ-साथ कंप्यूटर ने कृषि के क्षेत्र में भी अहम भूमिका निभाई है। कंप्यूटर क्रांति ने विश्व को एकसूत्र में बाँध दिया है। इंटरनेट ने तो कंप्यूटर के प्रचार-प्रसार में और भी बड़ी भूमिका निभाई है। इंटरनेट के माध्यम से आज एक 'क्लिक' करके हम दुनिया के किसी भी कोने में पहुँच सकते हैं। इंटरनेट टेलीफोनी और इ-मेल ने संचार क्रांति को पंख लगा दिए हैं। इंटरनेट टेलीफोनी से हम लगभग निःशुल्क दुनिया के किसी भी कोने में टेलीफोन की तरह बात कर सकते हैं। 'चैट' के जरिए 'लाइव' बातचीत की जा सकती है।

कंप्यूटर का विकास जिस द्रुत गति से हुआ है, उतना संभवतः दूसरा किसी का नहीं हुआ। आम बोलचाल की भाषा में कहें तो आज हर वस्तु का कंप्यूटरीकरण हो गया है। कंप्यूटर ने हर क्षेत्र को एक नया आयाम दे दिया है। कंप्यूटर के पास हमारे सभी प्रश्नों के उत्तर हैं।

कंप्यूटर-जगत् का विकास और विस्तार अंग्रेजी के माध्यम से आरंभ हुआ। अतः पठन-पाठन सामग्री भी अंग्रेजी में विकसित हुई। क्रमागत विकास के साथ-साथ विभिन्न देशों में विभिन्न भाषाओं में कंप्यूटर की शिक्षा दी जाने लगी है। इससे शिक्षार्थी कई भाषाओं में क्षमता विकसित कर रहे हैं।

हिंदी भाषा में इसे अपनाने के लिए आधारिक पाठ्यपुस्तकों का अभाव लग रहा था। अतः इस श्रृंखला द्वारा विद्यालयों में शुरू से ही हिंदी माध्यम से पढ़ने और अभ्यास द्वारा क्रमागत जानकारी देने का यह एक सराहनीय प्रयास हुआ है। इससे हिंदी-जगत् की एक बड़ी कमी की प्रतिपूर्ति हुई है। सरल भाषा में जानकारी उपलब्ध कराने से कंप्यूटर प्रयोग के ज्ञान और कौशल का विकास भविष्य में अनेकानेक लाभकारी व्यापक कार्यक्षेत्रों की उपलब्धि कराएगा। इसी पृष्ठभूमि में कंप्यूटर की कक्षा 1 से 8 तक के लिए अत्यंत सार्थक एवं उपयोगी श्रृंखला प्रकाशित हो रही है। यह प्रशंसनीय पहल है। इस श्रृंखला की पुस्तकों में भाग एक के कंप्यूटर की आरंभिक जानकारी दी गई है। इसके बाद के भागों में क्रमशः सॉफ्टवेयर, हार्डवेयर, सीडी, माइक्रोसॉफ्ट, पावर पॉइंट, फोटो शॉप, मूवी एडिटिंग सॉफ्टवेयर, ऑपरेटिंग सिस्टम, इंटरनेट, इ-मेल इत्यादि की जानकारी दी गई है, साथ ही इनके साथ कार्य करना इतनी सरलता से सिखाया गया है कि आप बिना किसी की सहायता के इन्हें स्वयं सीख सकते हैं। कोई विद्यार्थी इससे स्वयं भी सीख सकता है।

आशा ही नहीं, पूर्ण विश्वास है कि यह पुस्तक श्रृंखला कंप्यूटर अध्ययन और उसके 'मास्टर' बनने में अत्यंत उपयोगी सिद्ध होगी। साथ ही, इससे आम पाठक भी लाभान्वित हो सकेंगे।

—प्रो. बी.पी. खंडेलवाल

पूर्व चेयरमैन, सी.बी.एस.ई. एवं

शिक्षा निदेशक, उत्तर प्रदेश

विषय-सूची

1 सॉफ्टवेयर के बारे में जानकारी

पिछली कक्षा में आपने सॉफ्टवेयर और उसके प्रकार के बारे में जाना। इस अध्याय में आप कुछ लोकप्रिय ऑपरेटिंग सिस्टम और एप्लीकेशन सॉफ्टवेयर के बारे में जानेंगे।

सॉफ्टवेयर के प्रकार

सॉफ्टवेयर को मोटे तौर पर दो प्रकारों में बाँटा जा सकता है—

- ऑपरेटिंग सिस्टम (ओ.एस.) सॉफ्टवेयर
- एप्लीकेशन सॉफ्टवेयर

ऑपरेटिंग सिस्टम (ओ.एस.) सॉफ्टवेयर

ऑपरेटिंग सिस्टम सॉफ्टवेयर हार्डवेयर से सीधे 'बातचीत' करता है और अपेक्षित काम करवाता है। यह हार्डवेयर को मशीन या बाइनरी लैंग्वेज में कैलकुलेशन करने के लिए निर्देश देता है। हार्डवेयर द्वारा प्रोसेसिंग के लिए इनपुट

डेटा को सॉफ्टवेयर बाइनरी लैंग्वेज में अनूदित कर देता है। इसके बाद यह परिणाम को यूजर की भाषा में बदलकर वापस करता है; जैसे अंग्रेजी, हिंदी, फ्रेंच इत्यादि में।

इस प्रकार ऑपरेटिंग सिस्टम को 'ट्रांसलेटर' या अनुवादक भी कहा जा सकता है, जो एप्लीकेशन सॉफ्टवेयर को हार्डवेयर से बातचीत करने में सहायता करता है। यह उपलब्ध रिसोर्सेज या संसाधन जैसे सी.पी.यू., मेमोरी, कीबोर्ड, माउस आदि को व्यवस्थित रखता है।

कुछ लोकप्रिय ऑपरेटिंग सिस्टम सॉफ्टवेयर हैं—माइक्रोसॉफ्ट विंडोज, लिनक्स, मैक, बी.ओ.एस., डॉस इत्यादि। आइए इनके बारे में पढ़ें।

लोकप्रिय ऑपरेटिंग सिस्टम सॉफ्टवेयर

डॉस

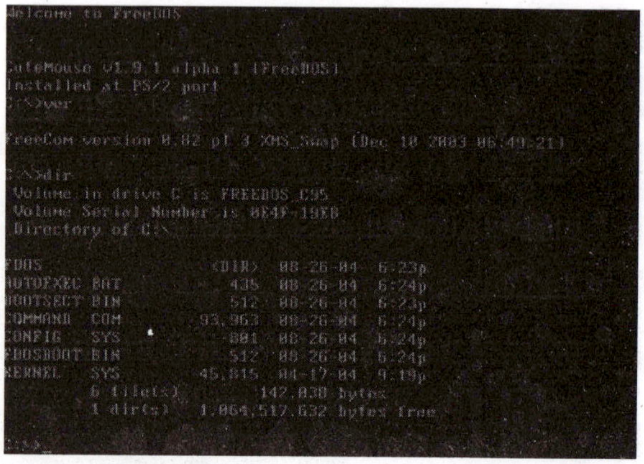

डॉस का पूरा नाम 'डिस्क ऑपरेटिंग सिस्टम' है। विंडोज के आने से पहले डॉस पी.सी. में इस्तेमाल होनेवाला सबसे प्रचलित ऑपरेटिंग सिस्टम था। यह कमांड ड्राइवेन इंटरफेस प्रयोग करता है। जब आप कंप्यूटर से कुछ करवाना चाहते हैं तो एक कमांड टाइप करनी पड़ती है। क्योंकि स्क्रीन पर कोई संकेत नहीं दिखता है, इसलिए कमांड को याद रखना पड़ता है या आवश्यकता पड़ने पर पुस्तक में देखना होता है। अब यह प्रयोग में नहीं है और विलुप्त हो गया है।

यूनिक्स

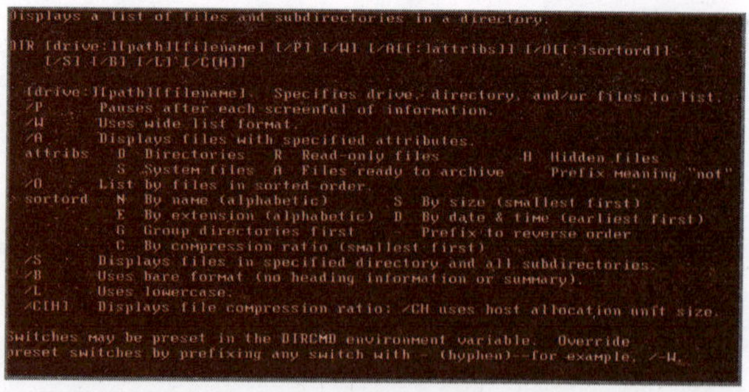

यूनिक्स का निर्माण प्रोग्रामरों को मल्टीयूजर और मल्टी-टास्किंग प्लेटफॉर्म उपलब्ध कराने के लिए हुआ। यूनिक्स साधारण परंतु शक्तिशाली यूटिलिटी उपलब्ध करता है, जो आपस में मिलकर विविध प्रकार के कार्यों को संपन्न करने के लिए लचीला ढाँचा प्रदान करती है। यह एक बेहद शक्तिशाली, स्थायी और सुरक्षित ऑपरेटिंग सिस्टम है। यह बड़े और शक्तिशाली कंप्यूटरों में इस्तेमाल होता है, जिन्हें सर्वर, वर्क स्टेशन, मेनफ्रेम कंप्यूटर और सुपर कंप्यूटर आदि कहते हैं। यूनिक्स का प्रयोग मौसम के पूर्वानुमान, राष्ट्रीय सुरक्षा, रोबोटिक्स

और ऑटोमेटेड इंडस्ट्रियल सिस्टम के कार्यों में होता है। आज यूनिक्स के लगभग 85 रूप बाजार में हैं। जैसे— फ्री बी.एस.डी., आई.आर.आई.एक्स., एच.पी.यू.एक्स., ए.आई.एक्स., सन ऑपरेटिंग सिस्टम, एस.सी.ओ. यूनिक्स, सोलरिस, लिनक्स आदि।

अतिरिक्त जानकारी : मल्टी-यूजर/मल्टीटास्किंग

मल्टी-यूजर एक टर्म या पद है, जो किसी कंप्यूटर पर एक साथ कई यूजर्स द्वारा इस्तेमाल होनेवाले ऑपरेटिंग सिस्टम या एप्लीकेशन सॉफ्टवेयर को परिभाषित करती है।

मल्टी-टास्किंग एक विधि है, जो सी.पी.यू. से एक ही समय में कई काम करवाने के लिए इस्तेमाल की जाती है। इन सभी कार्यों को **प्रोसेस** कहते हैं।

लिनक्स

Linux

लिनक्स यूनिक्स ऑपरेटिंग सिस्टम का संस्करण है, जो पिछले कुछ वर्षों में बहुत प्रचलित हो गया है। इसे पी.सी. यूजर को बहुत कम कीमत में ऑपरेटिंग सिस्टम देने के उद्देश्य से विकसित किया गया था। लिनक्स एक स्थायी और विश्वसनीय ऑपरेटिंग सिस्टम है, जिसका प्रयोग अमेजन जैसी ऑनलाइन पुस्तक बेचनेवाली प्रतिष्ठित कंपनी, यू.एस. पोस्ट ऑफिस और जर्मन सेना आदि वेबसाइट बनाने और अन्य कामों के लिए करते हैं। लिनक्स की बहुत सारी मशीनें 'टाइटैनिक' और 'श्रेक' जैसी फिल्में बनाने में इस्तेमाल होती हैं। लिनक्स का प्रयोग पी.डी.ए, मोबाइल, गेम कंसोल और कलाई घड़ी में भी होता है। इसके रेड हैड, मैनड्रेक जैसे कई रूप भी हैं।

मैक ऑपरेटिंग सिस्टम

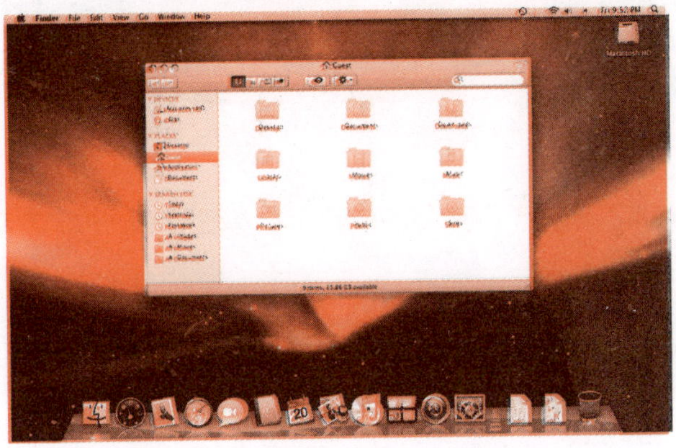

मैक ऑपरेटिंग सिस्टम एप्पल कंप्यूटर शृंखलावाले पी.सी. का प्रमुख ऑपरेटिंग सिस्टम है। इसके लिए एक बटनवाले माउस की आवश्यकता होती है और यह सीखने और प्रयोग करने में बहुत आसान है। मैक ओ.एस. का नवीनतम संस्करण ओ.एस. एक्स स्नो लेपर्ड (वर्जन 10) है। मैक ओ.एस. भी यूनिक्स पर आधारित है।

अतिरिक्त जानकारी : सी.एल.आई. एवं जी.यू.आई.

पहले यूजर को कंप्यूटर पर काम करने के लिए कमांड याद करनी और उसे टाइप करनी पड़ती थी। डॉस और यूनिक्स आदि में इसे **कमांड लाइन इंटरफेस (सी.एल.आई.)** कहते थे। बाद में **ग्राफिकल यूजर इंटरफेस (जी.यू.आई.)** बना, जिसमें ग्राफिकल एलिमेंट्स जैसे विंडोज, मेन्यू, रेडियो बटन, चेक बॉक्सेज और आइकन आदि होते हैं। जी.यू.आई. में काम करने के लिए यूजर को कीबोर्ड के अतिरिक्त एक पॉइंटिंग डिवाइस जैसे माउस की आवश्यकता होती है।

विंडोज

माइक्रोसॉफ्ट विंडोज माइक्रोसॉफ्ट कंपनी द्वारा बनने और बिकनेवाला एक ऑपरेटिंग सिस्टम है। यद्यपि माइक्रोसॉफ्ट विंडोज एप्पल के मैक ऑपरेटिंग सिस्टम से काफी बाद में आया, परंतु विश्व के कंप्यूटर बाजार में इसे अधिकतम यूजर इस्तेमाल करते हैं। विंडोज का नवीनतम संस्करण विंडोज 7 है, जो अक्तूबर 2009 में आया।

Microsoft Windows xp

Windows 7

एप्लीकेशन सॉफ्टवेयर

एप्लीकेशन सॉफ्टवेयर एक प्रोग्राम है, जिसका प्रयोग यूजर इनपुट देकर आउटपुट प्राप्त करने के लिए करता है। यह यूजर के साथ सीधे संवाद करके इनपुट लेता है और प्रोसेस्ड आउटपुट दरशाता है। एप्लीकेशन सॉफ्टवेयर ऑपरेटिंग सिस्टम के ऊपर रहकर हार्डवेयर को कंट्रोल करते हुए डेटा को संसाधित और परिवर्तित करता है।

अतिरिक्त जानकारी : सॉफ्टवेयर इंस्टॉलेशन

एप्लीकेशन सॉफ्टवेयर को टाइप और प्रयोग करने से पहले इंस्टॉल किया जाता है। कंप्यूटर में सॉफ्टवेयर डालने के इस प्रोसेस को इंस्टॉलेशन कहते हैं। इंस्टॉलेशन सदैव अपने शिक्षक या सॉफ्टवेयर इंजीनियर की देख-रेख में करें।

एप्लीकेशन सॉफ्टवेयर के प्रकार और उपयोग

1. एमबेडेड सॉफ्टवेयर का प्रयोग कार और घर के सिक्यूरिटी सिस्टम, माइक्रोवेव ओवन, वाशिंग मशीन, मोबाइल फोन और पी.डी.ए. आदि में किया जाता है।

2. वर्ड प्रोसेसर, डेटा बेस और स्प्रेडशीट का प्रयोग डेटा को बनाने, स्टोर करने और व्यवस्थित करने के लिए करते हैं। जैसे एम.एस. वर्ड, एम.एस. एक्सल और एम.एस. एक्सेस।

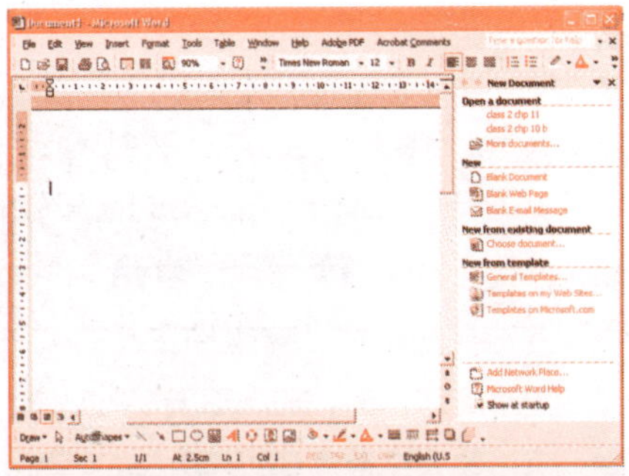

3. एप्लीकेशन सॉफ्टवेयर जैसे मीडिया प्लेयर, वेब ब्राउसर और गेम का प्रयोग डिजिटल एंटरटेनमेंट और डिजिटल कंटेंट पब्लिश करने (बनाने) के लिए होता है। जैसे विनैंप, जेट ऑडियो, विंडोज मीडिया प्लेयर, इंटरनेट एक्सप्लोरर, फायर फॉक्स, गूगल, याहू आदि।

4. एजुकेशन सॉफ्टवेयर का प्रयोग विद्यार्थियों को पढ़ाने के लिए होता है। इसके उदाहरण एनकार्टा और ब्रिटानिका हैं। इनका प्रयोग परीक्षा लेने, मूल्यांकन करने और रिजल्ट बनाने के लिए भी होता है। ऐसे सिस्टम लर्निंग मैनेजमेंट सिस्टम (एल.एम.एस.) कहलाते हैं।

5. सिमुलेशन बिल्डिंग सॉफ्टवेयर का प्रयोग अनुसंधान, प्रशिक्षण और मनोरंजन के लिए होता है। इसके उदाहरण 3डी स्टूडियो मैक्स, माया, कैटिया और प्रो इंजीनियर हैं।

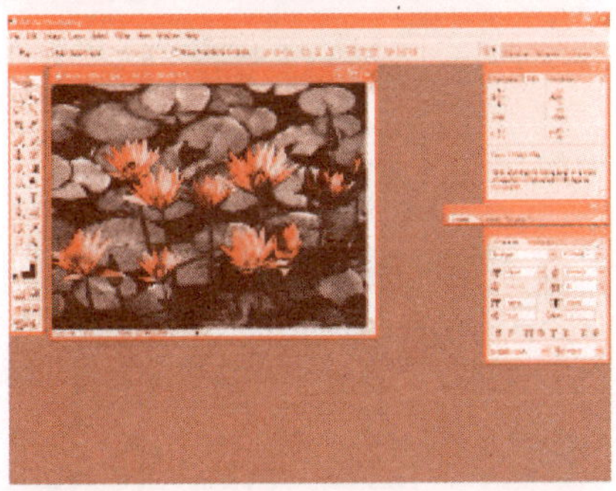

6. डेस्कटॉप पब्लिशिंग सॉफ्टवेयर का प्रयोग ग्राफिक्स, किताबों, मैगजीन, अखबार आदि की डिजाइनिंग एवं प्रिंटिंग के लिए होता है। इसके उदाहरण एडॉब फोटोशॉप, कोरल ड्रॉ, एडॉब इनडिजाइन, एडॉब इलस्ट्रेटर, क्वार्क एक्सप्रेस, एडॉब फ्रेम मेकर आदि हैं।

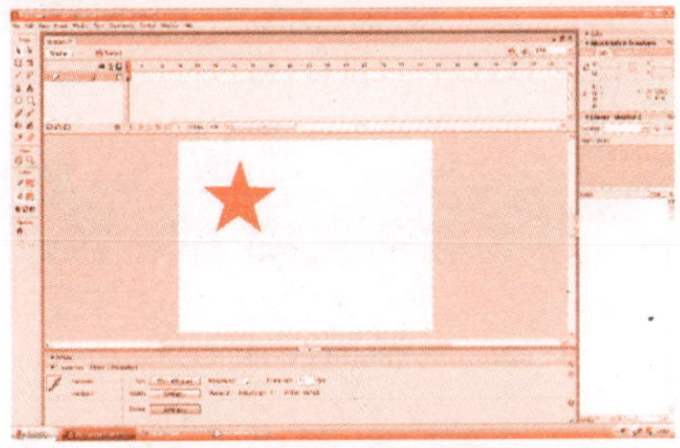

7. मल्टीमीडिया ऑथरिंग सॉफ्टवेयर का प्रयोग वेबसाइट, डिजिटल एनिमेशन, ऑडियो और वीडियो आदि के लिए मल्टीमीडिया कंटेंट विकसित करने के लिए होता है। इसके उदाहरण हैं—एडॉब डायरेक्टर, एडॉब फ्लैश, एडॉब ड्रीमवीवर, एडॉब प्रीमियर आदि।

अतिरिक्त जानकारी : मल्टीमीडिया ऑथरिंग

मल्टीमीडिया में टेक्स्ट, ऑडियो, इमेज, एनिमेशन, वीडियो और इंटरेक्टिविटी सम्मिलित होती है, जो पारंपरिक रूप से छपनेवाली सामग्री (पुस्तक मैगजीन और अखबार आदि) के विपरीत है। ऐसे कंटेंट को तैयार करने की विधि को **मल्टीमीडिया ऑथरिंग** कहते हैं।

एप्लीकेशन सुइट

कई एप्लीकेशनों के समूह को पैकेज और कभी-कभी **एप्लीकेशन सुइट** कहते हैं। माइक्रोसॉफ्ट ऑफिस, जिसमें एक वर्ड प्रोसेसर, एक स्प्रेडशीट और कई अन्य एप्लीकेशनों का एक समूह होता है, यह एप्लीकेशन सुइट का एक अच्छा उदाहरण है।

याद करें

- एप्लीकेशन सॉफ्टवेयर काम को करने के लिए बनाया जाता है, जिसमें यूजर इनपुट देकर आउटपुट प्राप्त कर सकता है।
- ऑपरेटिंग सिस्टम सॉफ्टवेयर एक ट्रांसलेटर है, जो एप्लीकेशन सॉफ्टवेयर को हार्डवेयर से बातचीत करने में सहायता करता है।
- डॉस में सभी कमांड याद रखने की आवश्यकता होती है।
- यूनिक्स एक मल्टीयूजर, मल्टीटास्किंग सिस्टम है, जो बहुत ही स्थायी, सुरक्षित और शक्तिशाली है।
- लिनक्स यूनिक्स का एक वर्जन है, जो पी.डी.ए., मोबाइल, गेम कनसोल और कलाई घड़ी में भी प्रयोग होता है।
- विंडोज और मैक ओ.एस. जी.यू.आई. बेस्ड ऑपरेटिंग सिस्टम हैं।

अभ्यास

(अ) निम्न का मिलान करें—

1. एमबेडेड सॉफ्टवेयर	अ. एडॉब फ्लैश
2. वर्ड प्रोसेसर	ब. पी.डी.ए.
3. मीडिया प्लेयर	स. ब्रिटेनिका
4. एजुकेशन सॉफ्टवेयर	द. विनैंप
5. सिमुलेशन सॉफ्टवेयर	छ. एडॉब इनडिजाइन
6. डेस्कटॉप पब्लिशिंग सॉफ्टवेयर	ट. 3डी स्टूडियो मैक्स
7. मल्टीमीडिया ऑथरिंग सॉफ्टवेयर	ठ. माइक्रोसॉफ्ट वर्ड

(ब) निम्न का वर्णन करें—

1. एप्लीकेशन सॉफ्टवेयर
2. सिस्टम सॉफ्टवेयर
3. एप्लीकेशन सुइट

(स) सही के लिए (स) और गलत के लिए (ग) लिखिए—

1. ऑडियो/वीडियो प्लेयर इमबेडेड सॉफ्टवेयर प्रयोग करते हैं। ☐
2. डेटाबेस और स्प्रेडशीट सूचना को स्टोर व मैनेज नहीं कर सकते। ☐
3. गेम्स का प्रयोग डिजिटल मनोरंजन के लिए होता है। ☐
4. एजुकेशन सॉफ्टवेयर का प्रयोग शिक्षा और परीक्षा मूल्यांकन के लिए होता है। ☐
5. सिमुलेशन सॉफ्टवेयर का प्रयोग मनोरंजन के लिए होता है। ☐
6. अब डॉस प्रयोग नहीं होता। यह विलुप्त हो गया है। ☐
7. यूनिक्स एक बेहद शक्तिशाली, स्थायी और सुरक्षित ऑपरेटिंग सिस्टम है। ☐

8. लिनक्स एक अस्थायी और अविश्वसनीय ऑपरेटिंग सिस्टम है। ☐

9. मैक ऑपरेटिंग सिस्टम एक यूजर फ्रेंडली ग्राफिकल यूजर इंटरफेस है। ☐

10. विंडोज कमांड ड्रिवन इंटरफेस प्रयोग करता है। ☐

(द) इनका पूरा नाम लिखें—

1. डी.ओ.एस. (डॉस) 2. जी.यू.आई. 3. ओ.एस.

(छ) शब्दों की सहायता से रिक्त स्थान भरो:

एमबेडेड यूनिक्स मैक ओ.एस. एप्लीकेशन सुईट डॉस

1. .... कमांड ड्रिवन इंटरफेस प्रयोग करता है।
2. पी.डी.ए., कलाई घड़ी, मोबाइल फोन में प्रयोग होनेवाले सॉफ्टवेयर .... सॉफ्टवेयर कहलाते हैं।
3. लिनक्स .... का वर्जन है।
4. .... एप्पल कंप्यूटर का प्राइमरी ऑपरेटिंग सिस्टम है।
5. मल्टीपल एप्लीकेशन सॉफ्टवेयर का समूह .... कहलाता है।

(ज) निम्न के कम-से-कम तीन एप्लीकेशन क्षेत्र लिखिए—

1. यूनिक्स 2. विंडोज

(झ) किन्हीं दो लोकप्रिय ऑपरेटिंग सिस्टम पर संक्षिप्त टिप्पणी लिखिए—

शिक्षकों से

छात्रों को बाजार में उपलब्ध विभिन्न ऑपरेटिंग सिस्टम के बीच अंतर समझाइए। विभिन्न एप्लीकेशन सॉफ्टवेयर का प्रैक्टिकल करके दिखाइए।

बहुविकल्पीय प्रश्न

निम्न चार विकल्पों में से सही विकल्प पर निशान (✔) लगाएँ।

1. **ऑपरेटिंग सिस्टम सॉफ्टवेयर........................की तरह काम करता है, जो एप्लीकेशन सॉफ्टवेयर को हार्डवेयर से बात करने में सहायता करता है—**

   अ. इंटरप्रेटर ब. कंपाइलर

   स. ट्रांसलेटर द. इनमें से कोई नहीं

2. **........................बहुत ही लोकप्रिय सॉफ्टवेयर था, परंतु अब बिलकुल लुप्त हो गया है।**

   अ. विंडोज ब. डॉस

   स. लिनक्स द. यूनिक्स

3. **डॉस का पूरा नाम है—**

अ. डिस्क ऑन सिस्टम
ब. डिस्क ऑपरेटिंग सिस्टम
स. डिस्क ओपन सिस्टम
द. डर्टी ओपन सिस्टम

4. **यूनिक्स में निम्नलिखित विशेषताएँ सम्मिलित हैं—**

अ. मल्टी यूजर सिस्टम
ब. मल्टीटास्किंग सिस्टम
स. अ और ब दोनों
द. इनमें से कोई नहीं

5. **निम्न में से कौन सा यूनिक्स का एक रूप नहीं है?**

अ. फ्री बी.एस.डी.
ब. सन ओ.एस.
स. आई.एस.ओ.
द. लिनक्स

6. **..........यूनिक्स ऑपरेटिंग सिस्टम का वर्जन है, जो पिछले कुछ वर्षों में बहुत ही लोकप्रिय हो गया है।**

अ. आई.आर.आई.एक्स.
ब. एच.पी.यू.एक्स.
स. ए.आई.एक्स.
द. लिनक्स

7. **लिनक्स का प्रयोग इसमें भी होता है—**

अ. पी.डी.ए'ज
ब. मोबाइल्स और गेम-कंसोल्स
स. कलाई घड़ी
द. उपर्युक्त सभी

8. **मैक ओ.एस. का नवीनतम वर्जन यह है—**

अ. ओ.एक्स. एक्स फॉक्स (वर्जन 10)
ब. ओ.एस. एक्स स्नो लेपर्ड (वर्जन 10)
स. ओ.एक्स. एक्स बुल (वर्जन 10)
द. इनमें से कोई नहीं

9. **विंडोज का नवीनतम वर्जन यह है—**

अ. XP
ब. विस्टा
स. विंडोज 7
द. NT

10. **..........ऑपरेटिंग सिस्टम सॉफ्टवेयर पर रहता है और हार्डवेयर को प्रोसेसिंग व डेटा मैनिपुलेट करने के लिए नियंत्रित करता है—**

अ. सिस्टम सॉफ्टवेयर
ब. एप्लीकेशन सॉफ्टवेयर
स. एम.एस. पेंट
द. इनमें से कोई नहीं

11. **इमबेडेड सॉफ्टवेयर का प्रयोग होता है—**

अ. कार और होम सिक्यूरिटी सिस्टम के लिए
ब. ऑडियो/वीडियो प्लेयर्स के लिए
स. माइक्रोवेव ओवन और मोबाइल फोन के लिए
द. उपर्युक्त सभी

12. **इनमें से विषम को पहचानिए—**

अ. एम.एस. वर्ड
ब. वर्डपैड
स. नोटपैड
द. स्प्रेडशीट

2 विंडोज में काम करना

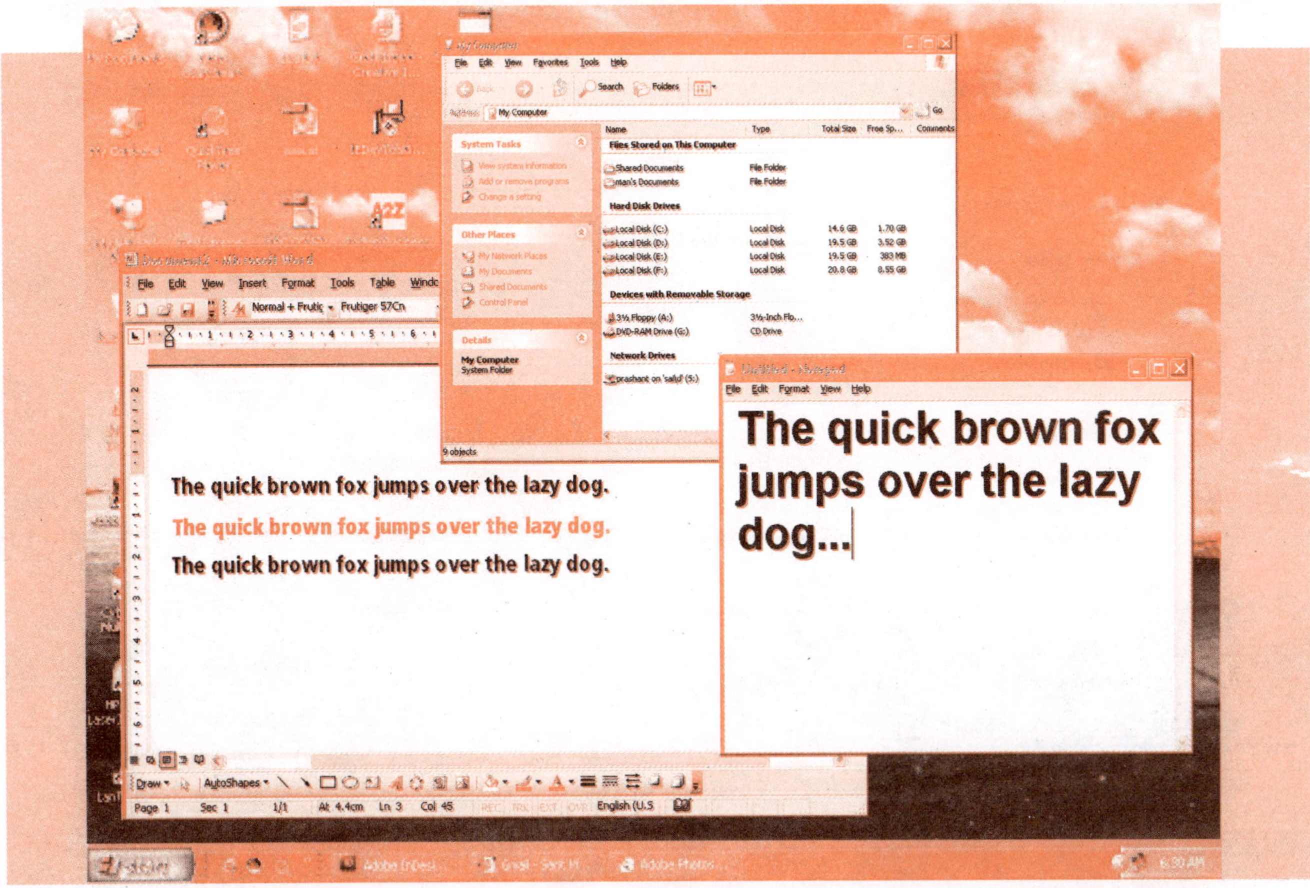

पिछली कक्षा में आप बेसिक ऑपरेशन जैसे कंप्यूटर को चालू करना और बंद करना, डेस्कटॉप, टास्क बार, स्टार्ट बटन आदि के बारे में जान चुके हैं। इस अध्याय में आप डेस्कटॉप के आइकन और ड्राइव व फोल्डर के बारे में जानेंगे।

'माई कम्प्यूटर' My Computer

आपने डेस्कटॉप पर 'माई कंप्यूटर' का आइकन देखा होगा। माई कंप्यूटर विंडोज में फाइल और फोल्डर को व्यवस्थित करनेवाला सबसे अधिक प्रयोग में आनेवाला टूल है। यह आइकन ही आपके सिस्टम पर सभी ड्राइव को दरशाता है। इस विंडो को खोलने के बाद आप अपनी किसी भी ड्राइव को खोलकर उसमें रखी फाइल और फोल्डर देख सकते हैं।

My Computer को खोलना

स्क्रीन पर My Computer आइकन को खोलने के लिए **Start** पर क्लिक करके **My Computer** पर क्लिक करें। इसके लिए आप डेस्कटॉप पर My Computer आइकन पर डबल क्लिक भी कर सकते हैं। इससे My Computer विंडो खुल जाती है। जहाँ आप ड्राइव, फोल्डर और फाइलों को दरशानेवाले आइकन देख सकते हैं।

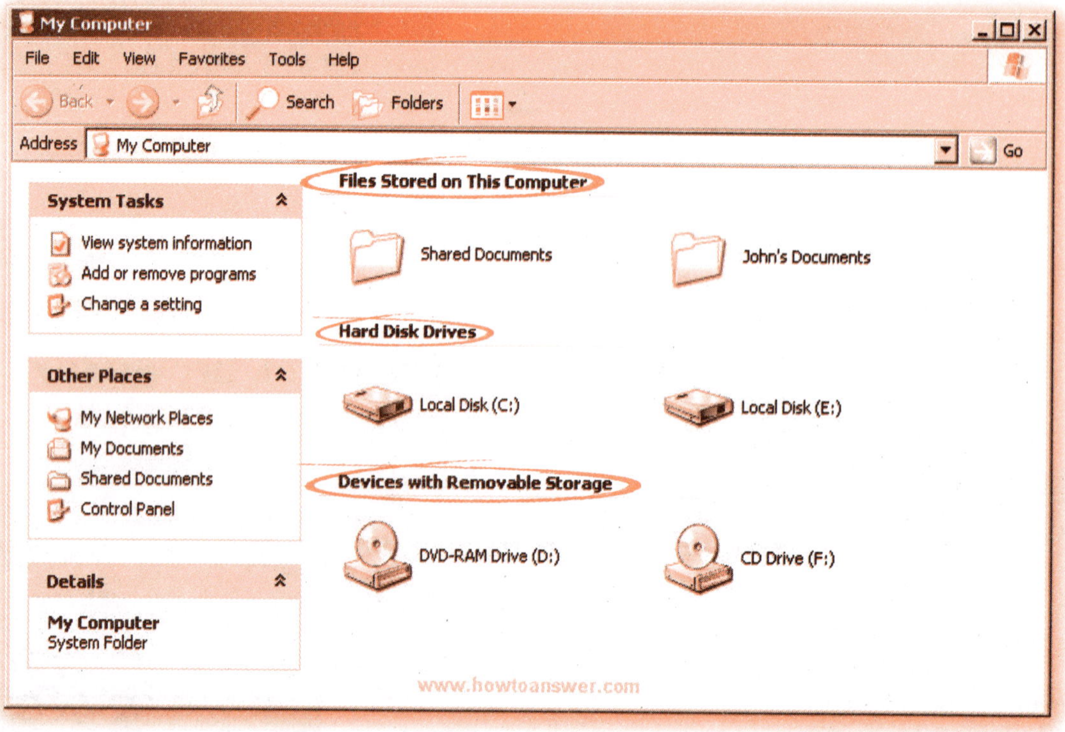

फाइल

कंप्यूटर में डेटा या इन्फॉरमेशन फाइल के रूप में स्टोर होती है। फाइल कंप्यूटर मेमोरी में सेव होनेवाली सूचना या डेटा का व्यवस्थित रूप होता है।

फोल्डर

कंप्यूटर में बनाई गई फाइलों को फोल्डर में रखा जाता है। फोल्डर को उसमें रखी गई फाइलों के अनुसार नाम दिया जा सकता है और कॉपी व मूव किया जा सकता है। फाइलों को व्यवस्थित रखने और आसानी से प्राप्त करने के लिए फोल्डर का प्रयोग करते हैं। ये फाइलें और फोल्डर कंप्यूटर में ड्राइव पर स्टोर होते हैं।

ड्राइव्स

ड्राइव्स हार्डवेयर कंपोनेंट्स हैं, जहाँ डेटा (फाइल और फोल्डर) परमानेंट या स्थायी रूप से स्टोर होता है। उदाहरण के लिए, हार्ड डिस्क ड्राइव, फ्लॉपी, सी.डी./डी.वी.डी. ड्राइव, पेन ड्राइव इत्यादि। ड्राइव को अंग्रेजी वर्णमाला के अक्षर (A : B : C : D : E :) से पहचाना जाता है। ये सिस्टम में जुड़ी वास्तविक फिजिकल ड्राइव या इनके लॉजिकल या भागों को प्रदर्शित करती हैं।

फिजिकल ड्राइव कंप्यूटर से जुड़ा वास्तविक हार्डवेयर कंपोनेंट या उपकरण होता है। आप एक बड़ी क्षमतावाली हार्ड डिस्क को छोटे-छोटे भागों में बाँट सकते हैं। ये छोटे भाग **लॉजिकल ड्राइव्स** कहलाते हैं। हार्ड ड्राइव को छोटे-छोटे भागों में बाँटने के कई लाभ हैं। उदाहरण के लिए आपके कंप्यूटर में 120 जी.बी. की हार्ड डिस्क है। इसकी भौतिक क्षमता 120 जी.बी. है। इस फिजिकल ड्राइव को आप दो भागों (60+60) जी.बी. या (80+40) जी.बी. में बाँट सकते हैं। आप ऑपरेटिंग सिस्टम और एप्लीकेशन को एक ड्राइव में रख सकते हैं और डेटा फाइलों को दूसरी ड्राइव में। इस तरह ऑपरेटिंग सिस्टम, प्रोग्राम और डेटा को अच्छी तरह रख सकते हैं और वायरस अटैक या सिस्टम क्रैश की दशा में अपने डेटा पार्टिशन को बचा सकते हैं।

अतिरिक्त जानकारी : पार्टिशनिंग एवं फॉरमेटिंग

फिजिकल ड्राइव को आप कई (2-3) पार्टिशन में बाँट सकते हैं। पार्टिशन बनाने की विधि को **पार्टिशिनिंग** कहते हैं। ऐसे पार्टिशन बनाने के लिए आपको विशेष यूटिलिटीज जैसे (विंडोज में **Fdisk**) की आवश्यकता होती है। कार्य करने के लिए आपको सभी पार्टिशन को फॉरमेट करना होगा। **फॉरमेटिंग** वह प्रोसेस है जिसमें एड्रेसिंग सिस्टम का पुनः निर्माण होता है, ताकि ऑपरेटिंग सिस्टम जान सके कि कहाँ और कितनी डिस्क स्पेस उपलब्ध है और उसे कैसे प्रयोग करना है। पार्टिशन और फॉरमेटिंग ऑपरेटिंग सिस्टम के काम हैं। ऑपरेटिंग सिस्टम इन कार्यों के बाद हार्डवेयर की जिम्मेदारी ले लेता है। याद रखिए, ऑपरेटिंग सिस्टम हार्डवेयर को व्यवस्थित व नियंत्रित करता है और उसे एप्लीकेशन सॉफ्टवेयर के लिए उपलब्ध कराता है। जब आप ड्राइव को पार्टिशन और फॉरमेट कर लेते हैं तो उसके बाद उस पर ऑपरेटिंग सिस्टम और एप्लीकेशन सॉफ्टवेयर को ठीक से इंस्टॉल करना पड़ता है। इसके बाद ही आप कार्य आरंभ कर सकते हैं और फाइलों व फोल्डरों को बना सकते हैं।

चेतावनी

पार्टिशनिंग, फॉरमेटिंग और ऑपरेटिंग सिस्टम इंस्टॉलेशन जटिल कार्य हैं। एक भी गलत सेटिंग होने पर आपका कंप्यूटर पूरी परह क्रैश हो सकता है और पूरी तरह बेकार भी। इसलिए अच्छा यह है कि इसे शिक्षक या सॉफ्टवेयर इंजीनियर पर छोड़ दें।

फोल्डर और डिवाइस को खोलना

फाइल, फोल्डर और ड्राइवों के आइकन भिन्न-भिन्न होते हैं। प्रत्येक पेज का आइकन फाइल या डॉक्यूमेंट को दरशाता है। फोल्डर का प्रत्येक आइकन आपकी हार्ड ड्राइव पर फोल्डर को दिखाता है। हार्ड ड्राइव में डेटा व्यवस्थित रखने के लिए आप फोल्डर के अंदर फोल्डर बना सकते हैं। फोल्डर को खोलने के लिए उसके आइकन पर डबल क्लिक करते हैं। जब तक आपको वह फाइल या फोल्डर न मिले, जिसमें आप काम करना चाहते हैं, तब तक फोल्डरों को खोलना जारी रख सकते हैं। विंडोज को बंद करने के लिए क्लोज बटन पर क्लिक करते हैं।

फोल्डर को नेवीगेट या संचालित करना

प्रत्येक फोल्डर विंडो में एक टूलबार होती है, जिससे आप एक से दूसरे फोल्डर को नेवीगेट कर सकते हैं।

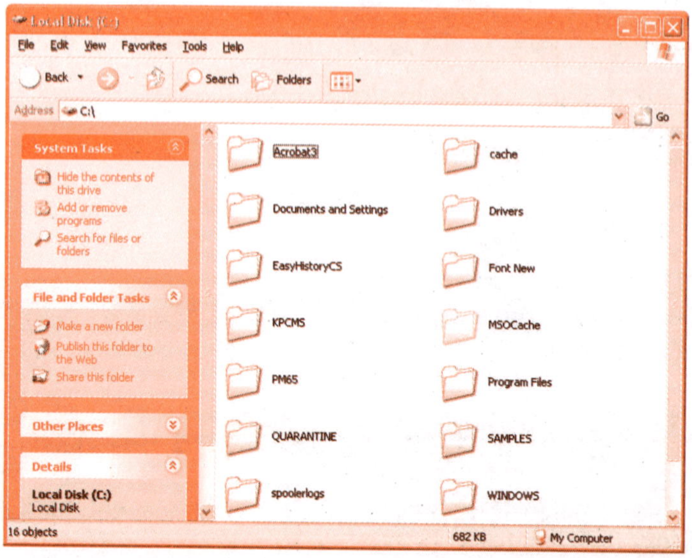

फोल्डर्स बार का इस्तेमाल

फोल्डर बार चुने गए फोल्डर में उपस्थित डेटा को देखने में सहायता करती है। साथ ही कंप्यूटर में उपस्थित अन्य ड्राइव और फोल्डरों को देखने में सहायक है। फोल्डर बार उसे आसानी से ड्रैग और ड्रॉप द्वारा मूव या कॉपी करने में सहायक है। फोल्डर बार को दरशाने के लिए फोल्डर बटन पर क्लिक करते हैं।

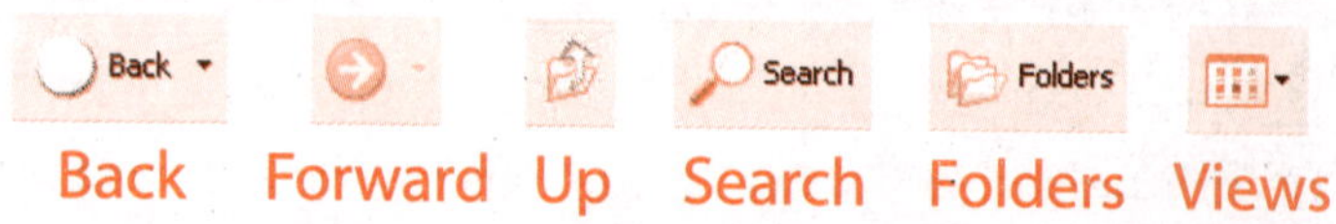

Button	Click to...
Back	Go back to a previously viewed folder.
	Return to a previously viewed folder. You can go forward only if you have clicked Back to go back a step.
	Display the next level up in the folder structure.
Search	Display the Search bar to search for a folder or file.
Folders	Display a hierarchical folder list (similar to Windows Explorer in previous versions of Windows). See the next section "Using the Folders Bar."
	Change how the contents of the folder are displayed.

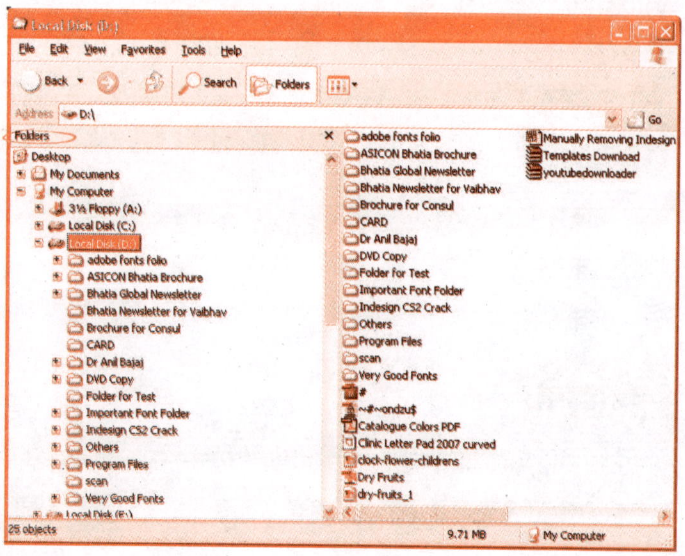

डेस्कटॉप में आप माई डॉक्यूमेंट्स, माई कंप्यूटर, उपलब्ध ड्राइव और फोल्डर देख सकते हैं। आप किसी भी फोल्डर या ड्राइव को प्लस (+) या माइनस (-) से बड़ा या छोटा कर सकते हैं।

टास्क पैन को प्रयोग करना

विंडोज XP सामान्य कार्यों, अन्य स्थानों और डिटेल्स एरिया के साथ **टास्क पैन** दिखाती है। जब आप एक आइकन पर क्लिक करते हैं तो उसके बारे में डिटेल्स एरिया में जानकारी देख सकते हैं। चुने गए आइटम के साथ काम करने, जैसे—फोल्डर बनाने, उसका नाम बदलने या रीनेम करने और मूव करने आदि के लिए आप यहाँ कमांड भी देखते हैं।

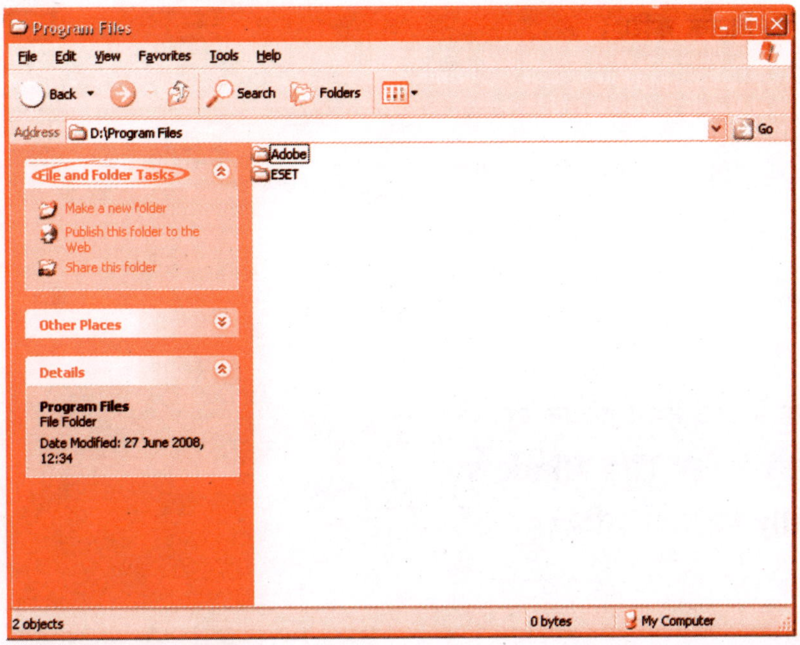

विंडोज को व्यवस्थित करना

जब डेस्कटॉप पर एक से अधिक विंडो खुली होती हैं तो उन्हें व्यवस्थित करने की आवश्यकता होती है। आपको एक डॉक्यूमेंट या प्रोग्राम से दूसरे में डेटा कॉपी करने की आवश्यकता हो सकती है। जब आप फाइलों का रख-रखाव करते हैं, जैसे उन्हें कॉपी या मूव करना, तो एक साथ कई सारी विंडो खोलते हैं। किसी भी हालत में विंडो को डेस्कटॉप पर ड्रैग करके मूव कर सकते हैं अथवा विंडोज XP आपके लिए विंडोज व्यवस्थित कर देगा।

विंडो को मूव करने की स्टेप्स इस प्रकार हैं—

1. टाइटल बार पर माउस पॉइंटर रखिए।
2. विंडो को क्लिक करके ड्रैग करते हुए उस स्थान पर ले जाइए, जहाँ आप उसे रखना चाहते हैं। अब विंडो मूव हो जाएगी।

विंडोज XP को विंडो व्यवस्थित करने के लिए निर्देश देना—

1. शॉर्टकट मेन्यू डिसप्ले करने के लिए टास्क बार के ब्लैंक एरिया में राइट क्लिक करिए।
2. विंडोज को अरेंज करने के लिए निम्न में से कोई एक कमांड दीजिए।

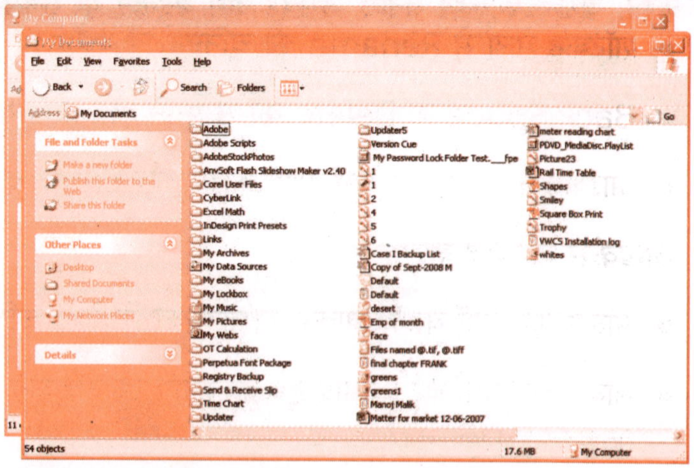

- विंडोज को झरने की तरह ऊपरी बाएँ कोने से नीचे के कोने की तरफ एक के ऊपर दूसरा चढ़ते हुए अरेंज करने के लिए **Cascade Windows** पर क्लिक करिए।

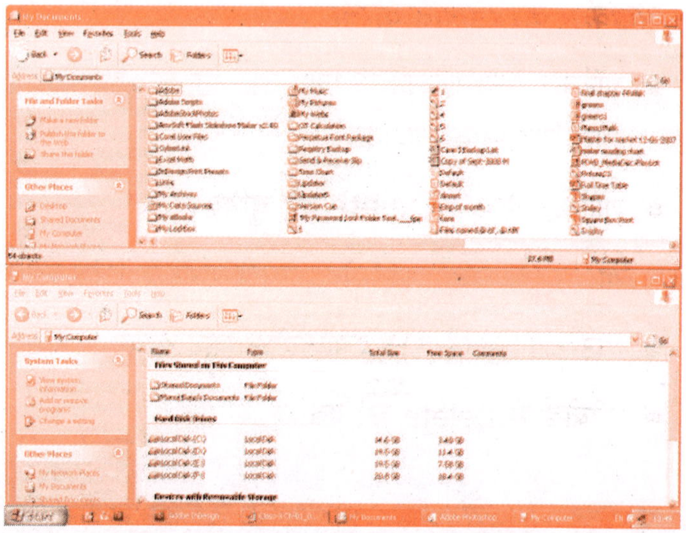

- होरिजोंटली एक के बाद दूसरी विंडोज एक ही आकार में दिखाने के लिए **Tile Windows Horizontally** पर क्लिक करिए।

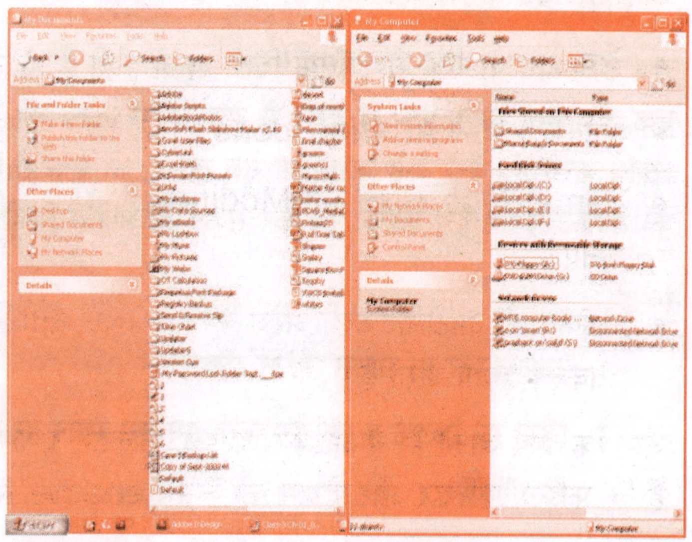

- वर्टिकली एक के बाद दूसरी विंडोज एक ही आकार में दिखाने के लिए **Tile Windows Vertically** पर क्लिक करिए।

आइकंस के साथ काम करना

आइकंस को Rename करना

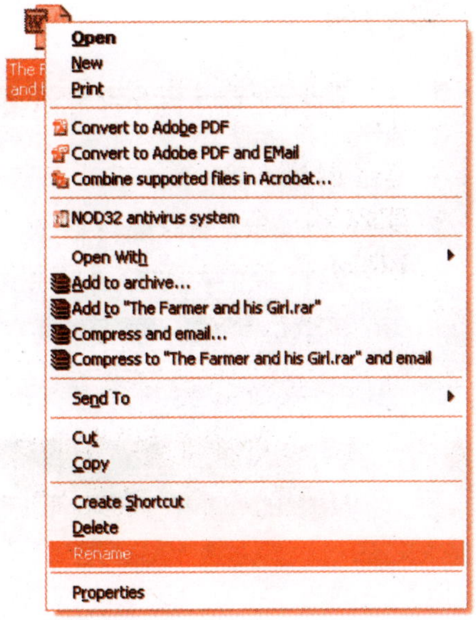

- आइकंस पर राइट क्लिक करिए। शॉर्टकट मेन्यू खुल जाएगा।
- शॉर्टकट मेन्यू से Rename को चुनिए।
- Back Space या Delete की से पुराने नाम को मिटाइए।
- आइकन के लिए नया नाम टाइप करिए और Enter दबाइए।

आइकंस को मूव करना

- माउस का बायाँ बटन दबाकर आइकन को सिलेक्ट करिए।
- माउस का बायाँ बटन दबाए हुए डेस्कटॉप पर आइकन को नए स्थान के लिए ड्रैग करिए।

आइकंस को डिलीट करना

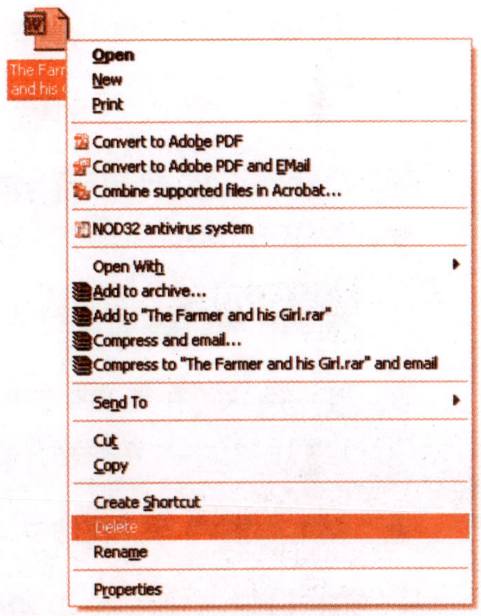

- शॉर्टकट मेन्यू खोलने के लिए उस आइकन पर राइट क्लिक करिए, जिसे डिलीट करना चाहते हैं।
- शॉर्टकट मेन्यू से Delete को चुनिए।

  या

- माउस का बायाँ बटन दबाकर आइकन चुनिए।
- कीबोर्ड से Delete की दबाइए।

आइकंस को अरेंज करना

- डेस्कटॉप पर राइट क्लिक करिए।
- शॉर्टकट मेन्यू से Arrange Icons By विकल्प चुनिए।
- Name, Type, Size और Modified में से कोई विकल्प चुनिए।
- आइकन को ऑटोमैटिकली अरेंज करने के लिए Auto Arrange विकल्प प्रयोग करते हैं।

जैसा कि आप जानते हैं; ये आइकंस फाइल, फोल्डर, प्रोग्राम आदि को दरशाते हैं। अत: अब आप यह भी जान चुके हैं कि फाइल, फोल्डर और प्रोग्राम को कैसे Rename, Move और Delete किया जाता है।

याद करें

- डेटा या इन्फॉरमेशन कंप्यूटर में फाइल के रूप में रखी जाती है।
- कंप्यूटर में बनाई गई फाइल को फोल्डर में रखा जाता है। फोल्डर का प्रयोग फाइलों को सही क्रम में और आसानी से प्राप्त करने के लिए होता है।
- ड्राइव को अंग्रेजी एल्फाबेट (A:, B:, C:, D:, E:) से पहचाना जाता है।
- विंडोज को आप कास्केड, टाइल होरिजोंटल और टाइल वर्टिकल में व्यवस्थित कर सकते हैं।
- आप फाइल, फोल्डर, आइकन को Arrange, Delete, Rename और Move कर सकते हैं।

अभ्यास

(अ) शब्दों की सहायता से रिक्त स्थान भरें—

शॉर्टकट मेन्यू   फाइल   फोल्डर्स   ड्रेगिंग   माई कंप्यूटर   फोल्डर

1. .... आपके कंप्यूटर पर प्रत्येक ड्राइव का आइकंस दिखाता है।
2. .... कंप्यूटर मेमोरी में सेव व्यवस्थित डेटा या इन्फॉरमेशन होती है।
3. .... को उसमें उपस्थित फाइल के अनुसार Move, Copy & Rename किया जा सकता है।
4. फोल्डर्स बार डिसप्ले करने के लिए टूलबार में .... बटन पर क्लिक करते हैं।
5. चुने गए आइटम के साथ काम करने से संबंधित कमांड जैसे Create Folder और Move Folder आदि .... में डिसप्ले होते हैं।
6. आप डेस्कटॉप पर विंडोज को .... से मूव करा सकते हैं।

(ब) विंडोज को निम्न विधि से व्यवस्थित करने के लिए स्टेप्स लिखिए—

1. कास्केड
2. टाइल होरिजोंटल
3. टाइल वर्टिकल

(स) आइकंस पर निम्न कार्य करने के लिए स्टेप्स लिखिए—

1. रीनेम आइकन
2. मूव आइकन
3. डिलीट आइकन
4. अरेंज आइकंस

(द) शब्द का मिलान करें—

1. वर्डफाइल	अ. 
2. फोल्डर	ब. 
3. हार्ड डिस्क	स. 
4. फ्लॉपी ड्रॉइव	द. 
5. सी.डी. ड्रॉइव	च. 
6. रीसाइकल बिन	छ. 

शिक्षकों से

छात्रों को फाइल, फोल्डर और ड्राइव के बारे में समझाने के लिए प्रैक्टिकल कराएँ।
कंप्यूटर स्पेस को पार्टिशन में बाँटने के लाभ उन्हें समझाइए।

बहुविकल्पीय प्रश्न

निम्न चार विकल्पों में से सही विकल्प पर निशान (✔) लगाएँ।

1. ....एक आइकन है, जो आपके कंप्यूटर पर सभी ड्राइव का प्रतिनिधित्व करता है।

अ. माई डॉक्यूमेंट्स ब. माई कंप्यूटर
स. रीसाइकल बिन द. इनमें से कोई नहीं

2. कंप्यूटर में डेटा या इन्फॉरमेशन इस रूप में स्टोर होती है—

अ. मैसेजेस ब. स्ट्रिंग्स
स. फाइल्स द. इन्फॉरमेशन

3. ....कंप्यूटर में बनी फाइलों को स्टोर करता है—

अ. डेटा ब. फोल्डर
स. पैकेट द. विंडो

4. **ड्राइव इसके द्वारा पहचानी जाती है—**

अ. अल्फाबेट्स द्वारा　　ब. नंबरों द्वारा

स. नाम द्वारा　　द. इनमें से कोई नहीं

5. **आप बड़ी हार्ड डिस्क क्षमता को छोटे भागों में बाँट सकते हैं। ये छोटे भाग कहलाते हैं—**

अ. फिजिकल ड्राइव　　ब. लॉजिकल ड्राइव

स. एक्सटरनल ड्राइव　　द. इंटरनल ड्राइव

6. **ड्राइव पर पार्टिशन बनाने की विधि को कहते हैं—**

अ. फॉरमेटिंग　　ब. पार्टिशनिंग

स. डिफ्रेगमेंटेशन　　द. डिस्क क्लीनअप

7. **..............................एड्रेसिंग सिस्टम बनाने की विधि हैं—**

अ. पार्टिशनिंग　　ब. फॉरमेटिंग

स. लेयरिंग　　द. डिजाइनिंग

8. **प्रत्येक पेज आइकन दरशाता है—**

अ. फोल्डर　　ब. डॉक्यूमेंट (फाइल)

स. विंडो　　द. टूलबार

9. **प्रत्येक फोल्डर आइकन इसका प्रतिनिधित्व करता है—**

अ. फोल्डर　　ब. फाइल

स. पेज　　द. डॉक्यूमेंट

10. **फोल्डर बार इसके द्वारा मूव और कॉपी को आसान बनाती है—**

अ. राइट क्लिक　　ब. लेफ्ट क्लिक

स. ड्रैग-एंड-ड्रॉप　　द. सिलेक्शन

11. **आप निम्न विधि से बहुत सारी विंडोज को व्यवस्थित कर सकते हैं—**

अ. कास्केड　　ब. टाइल

स. अ और ब दोनों　　द. इनमें से कोई नहीं

12. **डेस्कटॉप पर आइकंस इनके अनुसार व्यवस्थित करते हैं—**

अ. नाम　　ब. साइज और टाइप

स. डेट मोडीफाइड　　द. उपर्युक्त सभी

3 फाइल्स और फोल्डर्स में काम करना

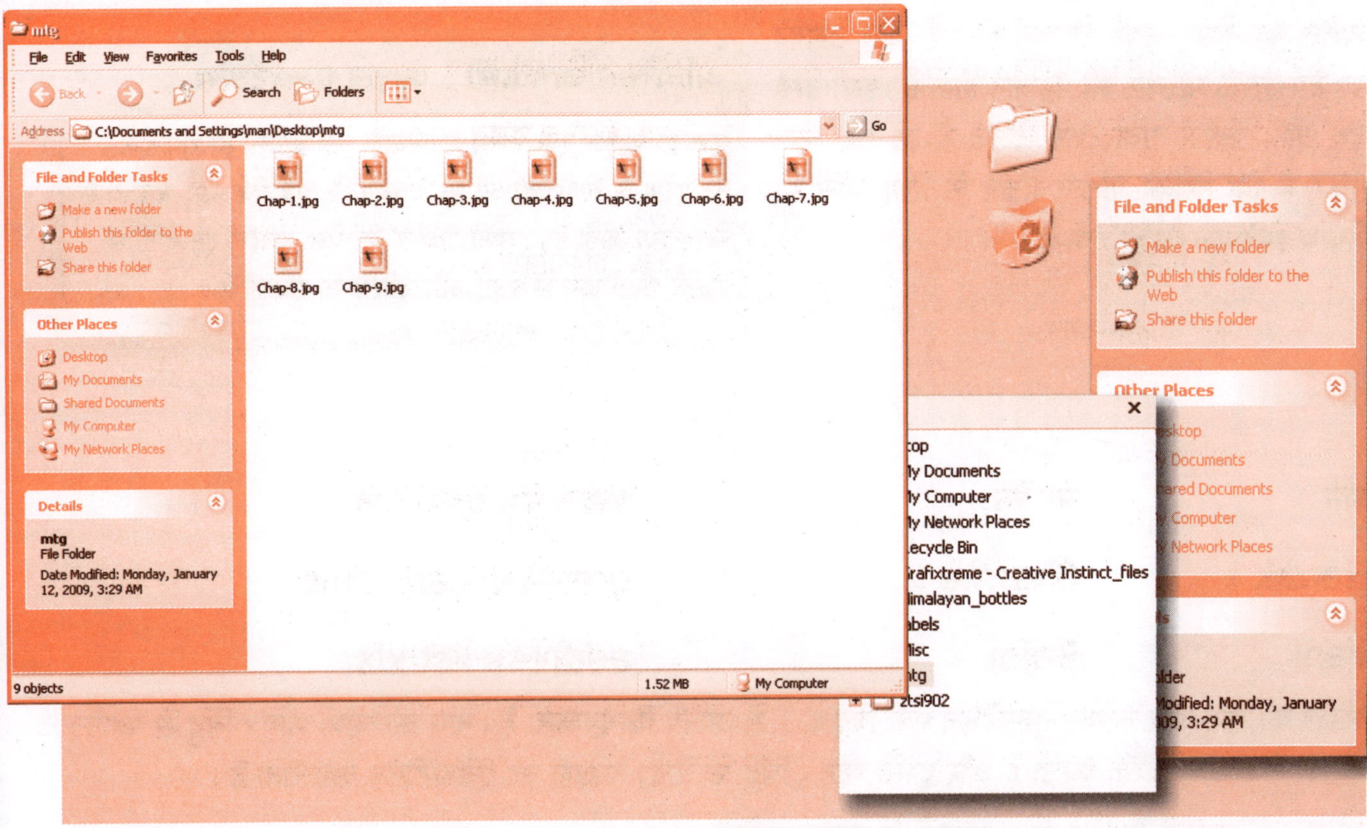

जैसा कि आप जानते हैं, हम कंप्यूटर पर जो भी काम करते हैं, उसे दुबारा प्रयोग करने के लिए **Save** कर सकते हैं। यह **Save** किया हुआ काम बाद में डॉक्यूमेंट प्रिंटिंग, मित्र को इ-मेल भेजने, शिक्षक को दिखाने आदि के लिए इस्तेमाल हो सकता है। यदि काम पूरा नहीं होता तो भी उसे बाद में पूरा करने के लिए **Save** कर सकते हैं। जब हम काम को **Save** करते हैं तो वह फाइलों में **Save** होता है। ये फाइलें वह एप्लीकेशन प्रोग्राम बनाता है, जिसमें हम काम करते हैं। उदाहरण के लिए पेंट, वर्ड पैड आदि।

अतिरिक्त जानकारी : फाइल सेव करना

आप File मेन्यू में जाकर Save विकल्प पर क्लिक करके फाइल Save कर सकते हैं। प्रोग्राम आपसे फाइल नेम के लिए पूछेगा। सेविंग के समय एक अच्छा फाइल नेम दीजिए। जब आप File मेन्यू में Save As विकल्प पर क्लिक करते हैं तो भी फाइल नेम पूछा जाएगा।

जिस तरह सभी लोगों का एक नाम और एक उप नाम (सर नेम) होता है, उसी तरह प्रत्येक फाइल का भी एक नाम और एक सर नेम होता है। फाइल का सर नेम **फाइल एक्सटेंशन** कहलाता है। एक्सटेंशन 3-4 अक्षर लंबा हो सकता है। इसे वह प्रोग्राम स्वत: बना लेता है, जिसमें फाइल बनती है। उदाहरण के लिए, पेंट बी.एम.पी. फाइल बनाता है। नोटपैड टी.एक्स.टी. फाइल बनाता है और वर्ड पैड डी.ओ.सी. फाइल बनाता है।

व्यक्ति का नाम उसकी पहचान होता है और उसका सर नेम उसके परिवार की पहचान होता है। इसी तरह जब आप फाइल एक्सटेंशन देखते हैं तो यह जान सकते हैं कि उसकी फाइल बनाने के लिए कौन सा प्रोग्राम इस्तेमाल किया गया है।

अतिरिक्त जानकारी : फाइल एक्सटेंशंस

एक ही फाइल एक्सटेंशंस बनानेवाले कई प्रोग्राम हो सकते हैं। उदाहरण के लिए, डी.ओ.सी. एक्सटेंशन वर्ड पैड और वर्ड दोनों से बनाया जाता है। इसका अर्थ है कि ऐसी फाइल इन दोनों में किसी भी प्रोग्राम में बनाई और खोली जा सकती है।

नाम	सर नेम	फाइल नेम. एक्सटेंशन
Hardik	Sharma	greeting card.bmp
Vani	Bajaj	address list.xls

फाइल का नाम और उसका एक्सटेंशन एक बिंदु (.) से अलग किया जाता है। नाम का बायाँ भाग (बिंदु से पहले) **फाइल नेम** को प्रदर्शित करता है और दूसरा भाग (बिंदु के बाद) फाइल का **एक्सटेंशन** कहलाता है।

आइए, इसे समझने के लिए कुछ फाइलों के उदाहरण देखें—

फाइल	फाइल का नाम	एक्सटेंशन	प्रयुक्त प्रोग्राम
Weekend report.doc	Weekend report	doc	वर्डपैड, विनवर्ड
Greetings.bmp	Greetings	bmp	पेंट
Address list.xls	Address list	xls	एक्सेल
Maths Assignment.ppt	Maths Assignment	ppt	पावर पॉइंट

फाइल का नाम रखना

जब हम कोई फाइल **Save** करते हैं तो उसे एक नाम दिया जाता है।

कल्पना कीजिए कि जिस तरह यहाँ दिखाया

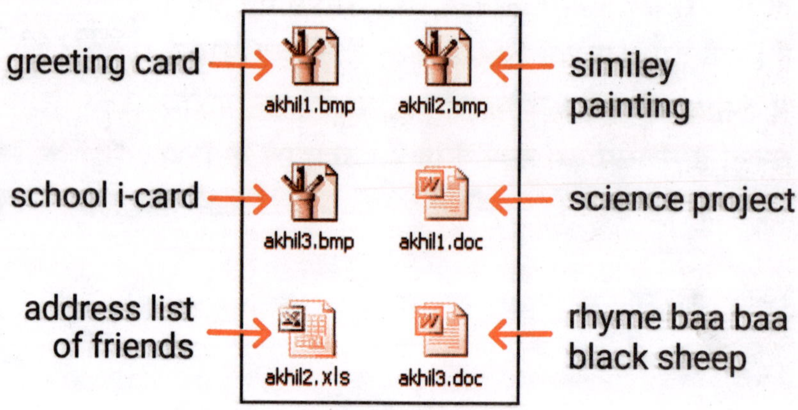

गया है, आप वैसे ही नाम दे रहे हैं—

आप इन फाइलों के बारे में क्या कह सकते हैं?

बी.एम.पी. फाइलें पेंट और डॉक फाइलें वर्डपैड या माइक्रोसॉफ्ट वर्ड और एक्स.एल.एस. फाइल्स माइक्रोसॉफ्ट एक्सेल में बनाई जाती हैं। जब आप किसी फाइल का नाम देखते हैं तो यह नहीं जान पाते कि उस फाइल में क्या डेटा है। आप केवल इतना जान पाते हैं कि वह फाइल एक यूजर अखिल उसके दोस्त या बहन ने बनाई है।

एक महीने बाद अगर अखिल उस फाइल को खोजना चाहेगा जो उसने बनाई थी, जिसमें ग्रीटिंग कार्ड बनाया गया था तो उसके लिए उसका नाम और उसके विषय याद रखने कठिन होंगे। उसे सारी बी.एम.पी. फाइल्स खोलनी होंगी और एक-एक कर अपनी फाइल खोजनी होगी। वह खुशकिस्मत होगा, अगर पहली फाइल खोलने पर उसे अपनी फाइल मिल जाती है। परंतु अगर वहाँ 20 से 50 फाइलें हैं तो क्या होगा? यह बड़ा कठिन कार्य है! हर फाइल को खोलना और उन फाइलों में से अपनी फाइल खोजना।

अर्थपूर्ण बनाने और समय बचाने के लिए आपको फाइलों के नाम ऐसे रखने चाहिए, जो उनकी विषय-वस्तु से मेल खाते हों आप फाइल इसलिए **Save** करते हैं, क्योंकि भविष्य में आपको उसकी जरूरत पड़ेगी। इसकी बुद्धिमानी से ऐसा नाम रखना चाहिए कि एक झलक देखने पर भी उस फाइल की विषय-वस्तु के बारे में अनुमान लगाया जा सके। फाइलों की इस सूची को देखिए—

टिप

यदि एक ही जैसी विषय-वस्तु और संदर्भवाली कई फाइलें हैं तो उनके नाम में वर्ष, दिनांक और समय जोड़ा जा सकता है। जब आप भविष्य में इन फाइलों को ढूँढ़ेंगे तो यह बहुत उपयोगी होगा।

उदाहरण : greeting card new year 2011.bmp

summer vacation science project or Sept-10.doc

आप फाइल नेम में 255 करेक्टर तक रख सकते हैं, परंतु ये करेक्टर फाइल नेम में नहीं होने चाहिए : \ /: *? " < > |.

फोल्डर्स

हम अपना काम फाइल के **Save** में सेव करते हैं। हमारे पास एक जैसे संदर्भवाली और उन्हें साझा करनेवाली कई फाइलें होती हैं। हम अपनी फाइलों को व्यवस्थित करने के लिए फोल्डर का प्रयोग करते हैं। फोल्डर बुक रैक में एक शेल्फ की तरह होता है। जिस तरह हम एक शेल्फ में एक ही विषयवाली पुस्तकें रखते हैं, उसी तरह फोल्डर का प्रयोग करके एक जैसी विषय-वस्तु वाली फाइलें व्यवस्थित करते हैं। नीचे दी गई फाइलों की सूची पर एक नजर डालिए—

Vacation science text.txt
Vacation science project.doc
Vacation science project diagram-3.bmp
Vacation science project diagram-2.bmp
Vacation science project diagram-1.bmp
Vacation english project.doc
Vacation english project river.bmp
address list (relatives).xls
address list (friends).xls
address labels.doc
Vacation english project hut.bmp
Greeting card 2009.bmp
Birthday card 2009.bmp

आप फोल्डर बनाकर फाइल को उसमें **Move** करके सुव्यवस्थित रख सकते हैं। आप फोल्डर में भी फोल्डर बना सकते हैं। आपको फोल्डर का नाम ऐसा देना चाहिए जिससे उसके अंदर की फाइलों की विषय-वस्तु को ठीक से समझा जा सके। उपर्युक्त फाइलों को इस प्रकार व्यवस्थित कर सकते हैं—

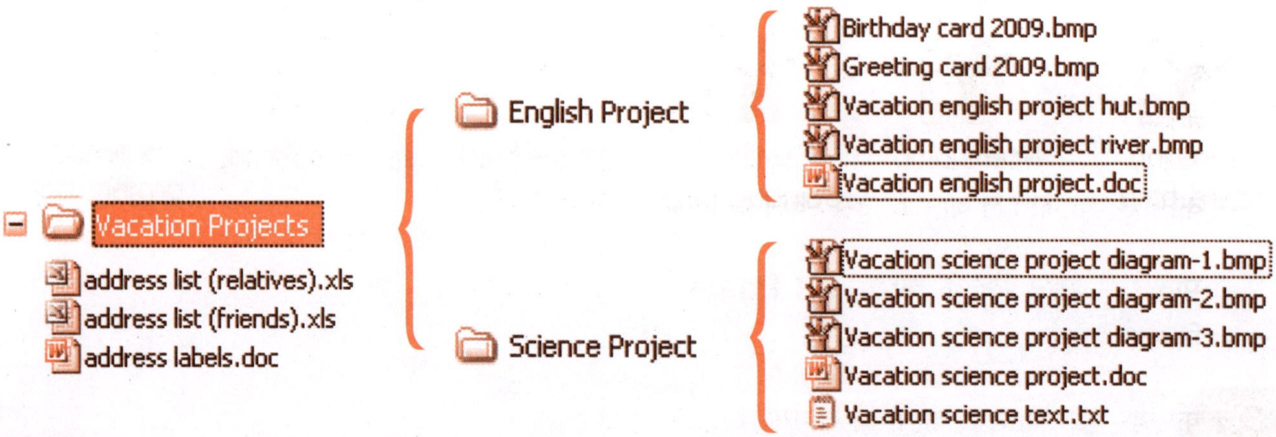

नोट

यद्यपि फोल्डरों का नाम फाइल नाम की तरह 255 कैरेक्टर लंबा हो सकता है, लेकिन फोल्डर का फाइल नाम की तरह कोई एक्सटेंशन नहीं होता।

अब हम फोल्डर बनाने के तरीके के बारे में पढ़ेंगे।

फोल्डर्स बनाना

1. जहाँ आप फोल्डर बनाना चाहते हैं, जैसे—'डेस्कटॉप' या 'माई डॉक्यूमेंट्स' में तो वहाँ राइट क्लिक करिए।
2. शॉर्टकट मेन्यू से **New> Folder** चुनिए।
3. एक फोल्डर बन जाता है, जिसका नाम हाईलाइट होता है।
4. फोल्डर का नाम टाइप करिए और **Enter** दबाइए।

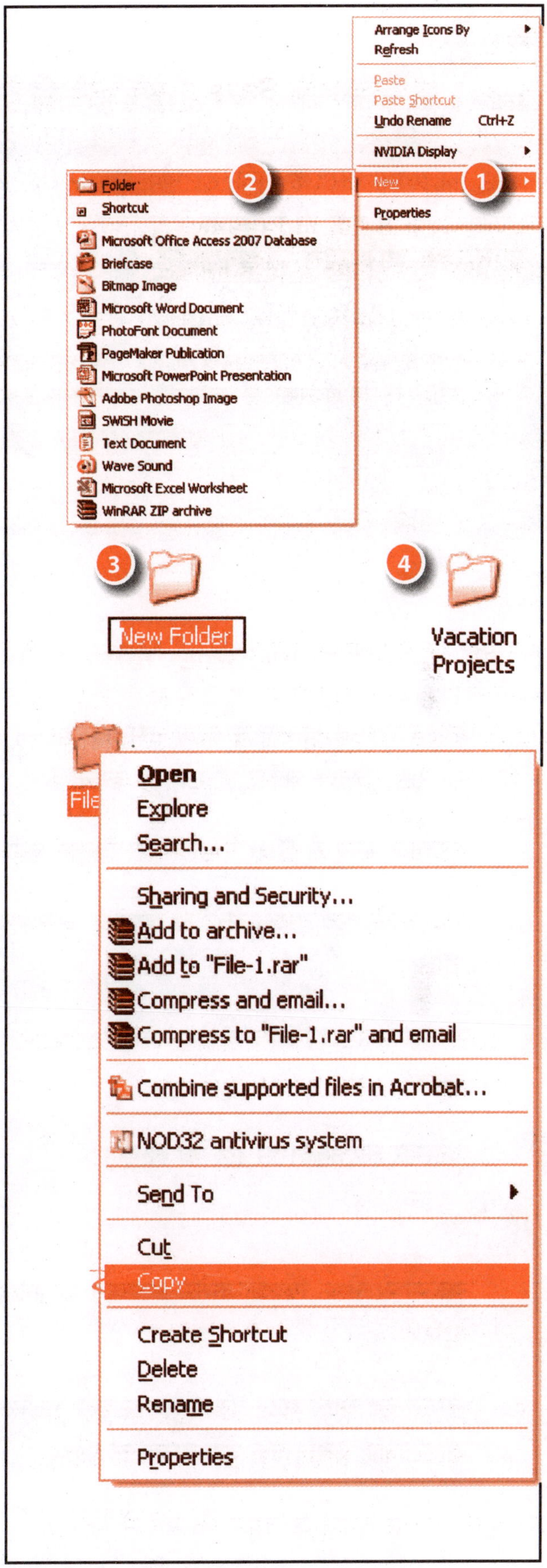

फाइल और फोल्डरों को कॉपी करना

1. शॉर्टकट मेन्यू खोलने के लिए उस फोल्डर या आइकन पर राइट क्लिक करिए, जिसे **Copy** करना है।
2. शॉर्टकट मेन्यू से **Copy** विकल्प पर क्लिक करिए।
3. कॉपी करके जहाँ ले जाना है, उस स्थान पर जाइए।
4. माउस से राइट क्लिक करिए और **Paste** पर क्लिक करिए।
5. फोल्डर नए स्थान पर कॉपी हो जाएगा।

टिप

वैकल्पिक रूप से आप कीबोर्ड पर **Ctrl+C** से कॉपी और **Ctrl+V** से पेस्ट कमांड का शॉर्टकट प्रयोग कर सकते हैं।

अतिरिक्त जानकारी : क्लिपबोर्ड

विंडोज में कॉपी **(Ctrl+C)** या कट **(Ctrl+X)** की गई फाइल (टेक्स्ट, ग्राफिक्स आदि) अपने स्थान से कॉपी या कट होकर एक माध्यमिक स्थान पर सेव हो जाती है, जिसे **क्लिपबोर्ड** कहते हैं। जब आप उस फाइल को अपनी मनचाही जगह या गंतव्य स्थान पर पेस्ट **(Ctrl+V)** करते हैं तो ऑपरेटिंग सिस्टम क्लिपबोर्ड की फाइल को आपकी मनचाही जगह पर ट्रांसफर या स्थानांतरित कर देता है।

फाइल और फोल्डर को Move करना

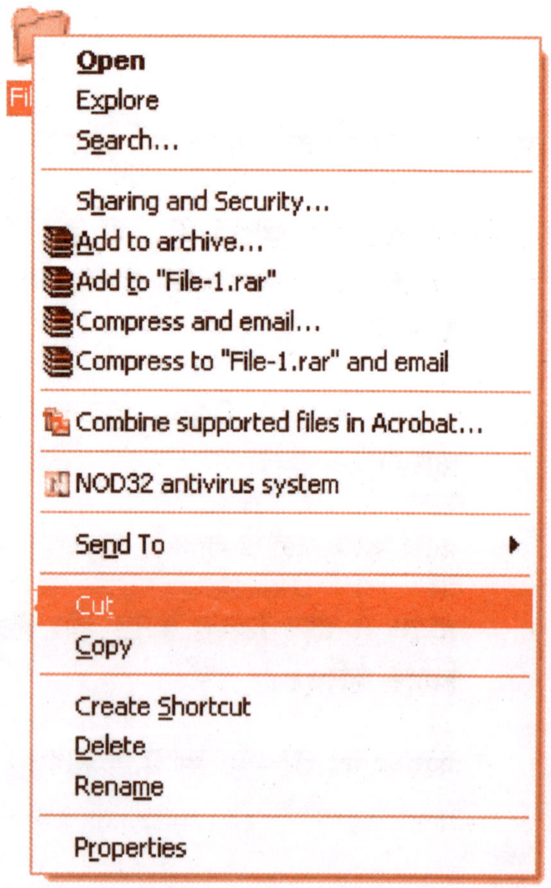

1. शॉर्टकट मेन्यू खोलने के लिए उस फोल्डर या आइकन पर राइट क्लिक करिए, जिसे मूव करना है।
2. शॉर्टकट मेन्यू से **Cut** विकल्प पर क्लिक करिए।
3. फाइल को मूव करके जहाँ ले जाना है, उस स्थान पर जाइए।
4. माउस से राइट क्लिक करिए और Paste पर क्लिक करिए।
5. फोल्डर नए स्थान पर मूव हो जाएगा।

ड्रैग एंड ड्रॉप

1. माउस से लेफ्ट क्लिक करके आइकन या फोल्डर को चुनिए।
2. माउस का बायाँ बटन दबाए हुए फाइल आइकन को गंतव्य या मनचाहे स्थान तक ड्रैग करके ले जाइए।

फाइल और फोल्डरों को डिलीट व अनडिलीट करना

जब आप कंप्यूटर में फाइल और फोल्डर बनाते रहते हैं तो एक समय वह फाइल और फोल्डरों से भर जाता है। ऐसे में इन्हें व्यवस्थित करना और स्टोर करना कठिन होता है। जिस फाइल की आपको आगे आवश्यकता नहीं हो, उसे आप **Delete** कर सकते हैं। आप पूरे फोल्डर को भी **Delete** कर सकते हैं। जब आप किसी फोल्डर को **Delete** करते हैं तो वह फोल्डर और उसके अंदर के सभी फोल्डर **Recycle Bin** में चले जाते हैं।

विंडोज **XP** वास्तव में फाइल या फोल्डर को डिलीट नहीं करता बल्कि उसे **Recycle Bin** में मूव कर देता है। यदि आपने उसे गलती से डिलीट किया है तो विंडोज **XP** उसे पुन: प्राप्त करने का मौका देता है। यदि आपको आवश्यकता हो तो फाइल या फोल्डर को **Recycle Bin** से पुन: प्राप्त कर सकते हैं।

फाइल या फोल्डर को Delete करना

फाइल या फोल्डर को मिटाने के लिए निम्न कदम उठाएँ—

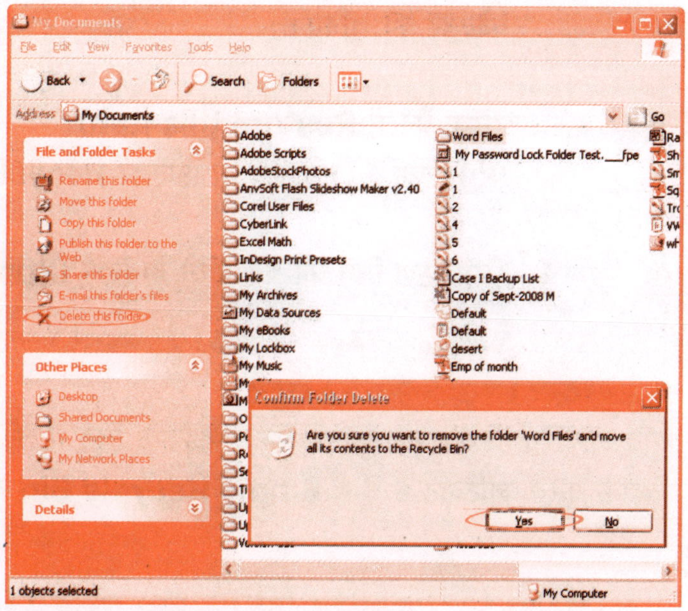

1. जिस फाइल या फोल्डर को आप **Delete** करना चाहते हैं उसे चुनिए।
2. टास्क पैन में **Delete this file** पर क्लिक करिए। आपसे **Delete** करने की पुष्टि के लिए पूछा जाएगा।
3. मिटाने की स्वीकृति देने के लिए **Yes** पर क्लिक करिए। विंडोज फाइल या फोल्डर को मिटा देती है और **Recycle Bin** में रख लेती है।

चुने गए फाइल या फोल्डर को मिटाने के लिए आप **Delete** की दबा सकते हैं। एक अन्य विकल्प के अनुसार मिटाने के लिए आप चुने गए फाइल या फोल्डर पर राइट क्लिक करके शॉर्टकट से **Delete** को भी चुन सकते हैं।

फाइल और फोल्डर को अनडिलीट करना

कभी-कभी गलती से भी फाइल या फोल्डर **Delete** हो जाता है। यदि आपसे गलती हो गई है तो आप **Recycle Bin** से (जब तक **Recycle Bin** खाली न की गई हो) फाइल या फोल्डर पुन: प्राप्त कर सकते हैं और उसे वापस उसके वास्तविक स्थान पर ला सकते हैं।

फाइल या फोल्डर को अनडिलीट करने के लिए निम्न कदम उठाएँ—

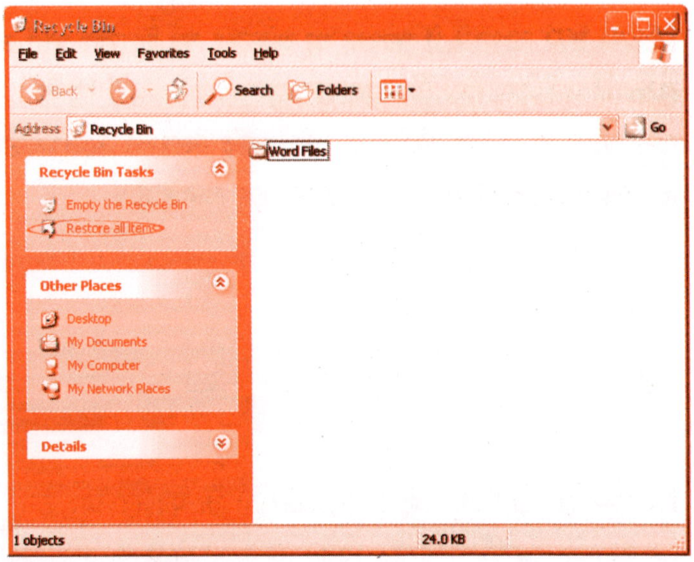

1. डेस्कटॉप पर **Recycle Bin** आइकन पर डबल क्लिक करिए। आपको **Recycle Bin** के अंदर मौजूद सभी फाइल और फोल्डर दिखाई देंगे, जिसके साथ आपकी मिटाई गई फाइल भी होंगी।

2. अनडिलीट करनेवाली फाइल या फोल्डर को चुनिए।

3. टास्क पैन में **Restore this item** पर क्लिक करें। फाइल या फोल्डर **Recycle Bin** से अपने मूल स्थान पर पहुँच जाएगा।

4. रीसाइकल बिन को बंद करने के लिए **Close** बटन पर क्लिक करिए।

यदि आप सुनिश्चित कर चुके हैं कि रीसाइकल बिन में कोई भी काम की चीज नहीं है तो उसके आइकन पर राइट क्लिक करके शॉर्टकट मेन्यू से **Empty Recycle Bin** कमांड चुनें

रीसाइकल बिन को खाली करना

रीसाइकल बिन में रखे कंटेंट भी डिस्क में जगह घेरते हैं। अत: इसे नियमित रूप से खाली करते रहना चाहिए। यदि कंटेंट डिलीट हो चुके हैं तो आइकन डिलीटेड कंटेंट के रूप में दिखाई देता है, अत: उसे देखकर आप कह सकते हैं कि वह खाली है कि नहीं। रीसाइकल बिन खाली करके आप उसके कंटेंट स्थायी रूप से मिटा सकते हैं। आपको यह सुनिश्चित कर लेना चाहिए कि उसमें कोई काम की चीज तो नहीं है। रीसाइकल बिन खाली करने के लिए ये कदम उठाने होंगे—

1. **Recycle Bin** आइकन पर डबल क्लिक करिए।

2. रीसाइकल बिन के कंटेंट जाँचिए और जिसकी आवश्यकता हो वह फाइल या फोल्डर अनडिलीट करिए।

3. टास्क पैन में **Empty Recycle Bin** पर क्लिक करिए। विंडोज कन्फर्म मल्टीपल फाइल डिलीट डायलॉग बॉक्स दिखाता है, जिसमें आप इस कार्य की पुष्टि कर सकते हैं।

4. रीसाइकल बिन को खाली करने के लिए **Yes** पर क्लिक करिए।

चेतावनी

जब आप रीसाइकल बिन खाली कर देंगे तो मिटाए गए फाइल या फोल्डर नहीं मिलेंगे और हमेशा के लिए मिट जाएँगे। अत: यह कार्य सावधानीपूर्वक करें।

याद करें

- फाइल या फोल्डर का नाम ऐसा रखें जो उसके कंटेंट से मेल खाता हो।
- फाइल एक्सटेंशन सर नेम की तरह होते हैं, जिनसे वह प्रोग्राम पहचाना जाता है, जिसमें कोई फाइल बनाई गई है।
- जब आप फोल्डर को डिलीट करते हैं तो फाइल और उसके सभी कंटेंट रीसाइकल बिन में मूव हो जाते हैं।
- रीसाइकल बिन के कंटेंट डिस्क में स्थान घेरते हैं, अत: उसे नियमित रूप से खाली करते रहना चाहिए।
- आप चुने गए फाइल या फोल्डर को डिलीट करने के लिए डिलीट की दबा सकते हैं।

अभ्यास

(अ) फाइल या फोल्डर पर निम्न कार्य करने के चरण लिखिए—

1. फोल्डर बनाना
2. फाइलों को कॉपी करना
3. फाइलों को मूव करना
4. ड्रैग एंड ड्रॉप
5. फाइल या फोल्डर को डिलीट करना
6. फाइल या फोल्डर को अनडिलीट करना
7. रीसाइकल बिन को खाली करना

(ब) फोल्डरों के अनुसार फाइलों के नंबर उनके संबंधित बॉक्स में लिखिए। आपके लिए एक करके दिखाया गया है।

1. greetings.bmp
2. chocolate.bmp
3. scenery.cmp
4. dog.bmp
5. address list.xls
6. wedding relatives list.xls
7. friends list.xls
8. physics.doc
9. experiment.doc
10. chemistry.doc

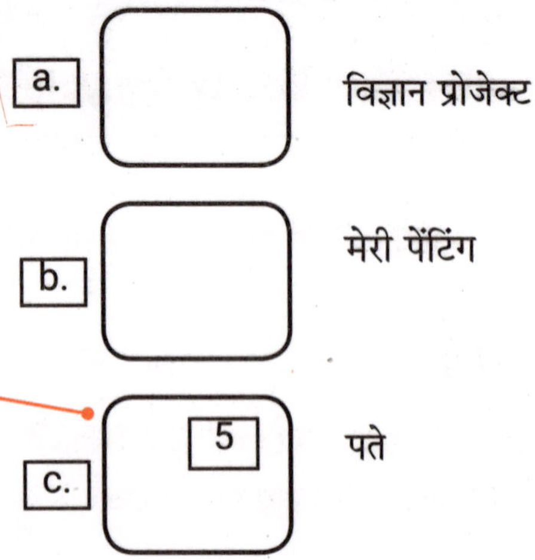

(स) शब्दों की सहायता से रिक्त स्थान भरें—

3-4	एक्स.एल.एस.	रिसाइकल बिन	255	डी.ओ.सी.

1. एक फाइल नेम .... करेक्टर लंबा हो सकता है। जबकि उसका एक्सटेंशन .... करेक्टर लंबा हो सकता है।
2. वर्ड फाइल का एक्सटेंशन .... होता है।
3. एक्सेल फाइल का एक्सटेंशन .... होता है।
4. .... वह स्थान है, जहाँ डिलीट किए गए फाइल या फोल्डर जाते हैं।

शिक्षकों से

कई उदाहरण देकर छात्रों को फाइल का सही नाम रखना समझाएँ।

बहुविकल्पीय प्रश्न

निम्न चार विकल्पों में से सही विकल्प पर निशान (✔) लगाएँ।

1. फाइल का सर नेम .... कहलाता है

अ. फाइल नेम
ब. फाइल एक्सटेंशन
स. फाइल साइज
द. फाइल टाइप

2. विषम को ढूँढ़िए।

अ. पेंट बी.एम.पी. फाइल बनाता है
ब. नोटपैड टी.एक्स.टी. फाइल बनाता है
स. वर्ड एक्स.एल.एस. फाइल बनाता है
द. वर्डपैड डी.ओ.सी. फाइल बनाता है

3. फाइल नेम और उसके एक्सटेंशन.......................से अलग होते हैं—

अ. स्लैश '/'
ब. बैक स्लैश '\'
स. डॉट '.'
द. डैश '—'

4. आप फाइल नेम में.......................तक करेक्टर रख सकते हैं।

अ. 250
ब. 260
स. 255
द. 270

5. कट, कॉपी और पेस्ट का शॉर्टकट क्रमवार इस प्रकार हैं—

अ. Ctrl+X, Ctrl+C, Ctrl+V
ब. Ctrl+C, Ctrl+X, Ctrl+V
स. Ctrl+V, Ctrl+X, Ctrl+X
द. इनमें से कोई नहीं

6. जब आप कोई फोल्डर डिलीट करते हैं तो वह फोल्डर, उसके सब फोल्डर और सभी कंटेंट्स ....में चले जाते हैं—

अ. डस्ट बिन
ब. रीसाइकल बिन
स. मेमोरी
द. इनमें से कोई नहीं

7. यदि आपको ऐसी फाइल चाहिए जो गलती से मिटा चुके हैं तो आप यह कर सकते हैं?

अ. फाइल को दुबारा बनाकर
ब. रीसाइकल बिन से उसे प्राप्त करके
स. अ और ब दोनों
द. अ और ब दोनों नहीं

4 विंडोज एसेसरीज

विंडोज **XP** कई सारे इनबिल्ट एक्सेसरीज के साथ आता है। क्या आप जानते हैं कि एक्सेसरीज क्या है? एक्सेसरीज एक औजार है, जो किसी चीज की क्षमता को बढ़ाता है। विंडोज एक्सेसरीज में कैलकुलेटर, नोटपैड, वर्डपैड, साउंड रिकॉर्डर, विंडोज मीडिया प्लेयर आदि शामिल हैं। आइए, इनके बारे में जानें।

विंडोज की एक्सेसरीज खोलने के लिए **Start > Programs > Accessories** पर क्लिक करिए।

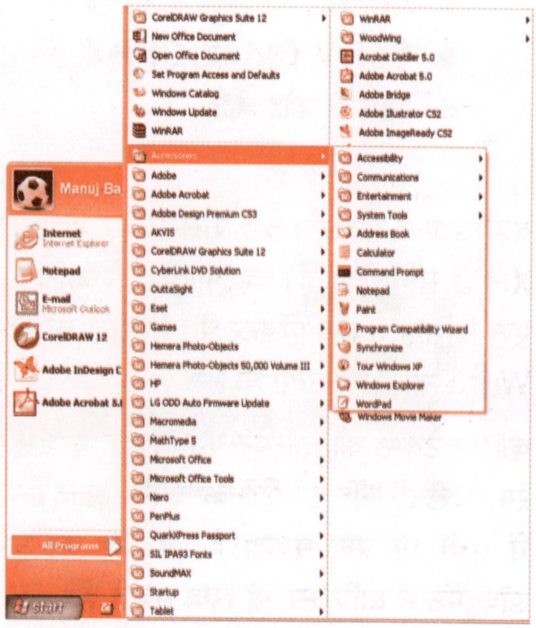

कैलकुलेटर 

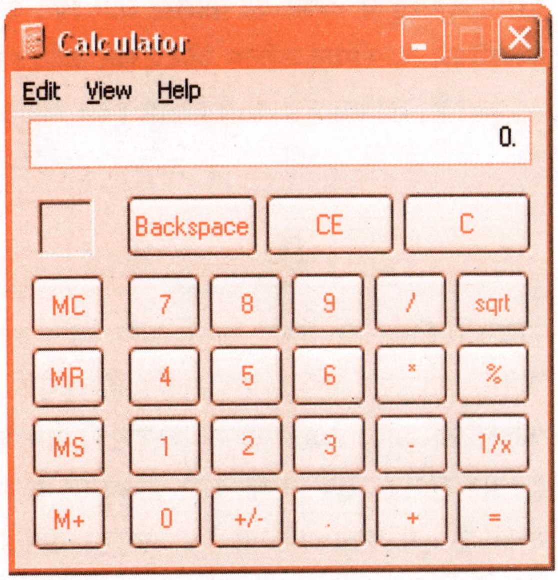

आप जानते हैं कि कैलकुलेटर किस काम के लिए इस्तेमाल किया जाता है। कंप्यूटर में भी कैलकुलेटर का प्रयोग वही सब साधारण कार्यों के लिए होता है जो हाथवाले कैलकुलेटर से होते हैं। कैलकुलेटर से सामान्य अंकगणितीय कैलकुलेशन किए जाते हैं; जैसे—जोड़ना, घटाना। साथ ही जटिल गणनाएँ भी की जाती हैं, जो साइंटिफिक कैलकुलेटर में होती हैं और जिन्हें वैज्ञानिक, इंजीनियर और आर्किटेक्ट आदि प्रयोग करते हैं। आप स्टैंडर्ड और साइंटिफिक कैलकुलेटर के बीच स्विच करने के लिए **view** मेन्यू पर क्लिक कर सकते हैं।

नोटपैड 

नोटपैड एक टेक्स्ट एडिटर है, जिसे आप साधारण टेक्स्ट डॉक्यूमेंट बनाने के लिए प्रयोग में ला सकते हैं। नोटपैड का अधिक प्रचलित प्रयोग टेक्स्ट फाइलों को देखने और एडिट करने में होता है। नोटपैड फॉण्ट का आकार, रंग, बोल्ड, इटैलिक आदि जैसी फॉरमेटिंग नहीं होती है।

वर्डपैड

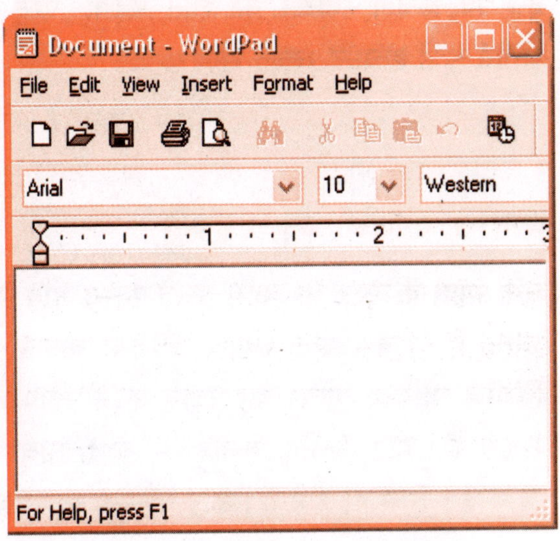

वर्डपैड एक साधारण वर्ड प्रोसेसर है, जो माइक्रोसॉफ्ट विंडोज XP में सम्मिलित हैं। यह नोटपैड से अधिक एडवांस है और एक बेसिक टेक्स्ट एडिटर है। विंडोज के पुराने वर्जन में इसे Write नाम दिया गया था।

वर्डपैड टेक्स्ट को फॉरमेट कर सकता है जैसे—फॉण्ट, साइज, रंग बदलना, बोल्ड, इटैलिक करना आदि। यह बुलेट के रूप में सूची भी बना सकता है। वर्डपैड का प्रयोग करके आप डॉक्यूमेंट में ग्राफिक्स भी लगा सकते हैं।

यद्यपि वर्डपैड में टेक्स्ट को फॉरमेट और प्रिंट करने की सुविधा होती है, परंतु इसमें एडवांस फीचर्स नहीं होते; जैसे स्पेलचेकर, मल्टीपल कॉलम और टेबल आदि। इसलिए यह साधारण कार्यों जैसे पत्र और आर्टिकल लिखने के लिए उपयुक्त है; लेकिन ऐसे कार्य जिनमें चित्र ज्यादा लगते हों, उनके लिए उपयुक्त नहीं है।

साउंड रिकॉर्डिंग

साउंड रिकॉर्डर का प्रयोग करके आप ध्वनि को रिकॉर्ड, मिक्स, प्ले और एडिट कर सकते हैं। इसके बाद इस फाइल को आप **.wav** फाइल के रूप में सेव कर सकते हैं। यह साउंड आप किसी दूसरे डॉक्यूमेंट के साथ जोड़ सकते हैं। कल्पना कीजिए कि आपकी अपनी आवाज आपके विज्ञान प्रोजेक्ट की वर्ड फाइल में लगी होगी।

टिप

साउंड रिकॉर्डर में अपनी आवाज रिकॉर्ड करने के लिए आपको एक माइक्रोफोन की जरूरत होगी।

सेव की गई फाइल को आप विंडोज मीडिया प्लेयर में प्ले कर सकते हैं।

वॉल्यूम कंट्रोल

वॉल्यूम कंट्रोल से आप कंप्यूटर में चलनेवाली साउंड का वॉल्यूम एडजस्ट कर सकते हैं। दो स्पीकर सिस्टम में आप प्रत्येक स्पीकर की आवाज नियंत्रित कर सकते हैं। इसे बैलेंस कंट्रोल करते हैं। यदि आप अपने कंप्यूटर को अस्थायी रूप से शांत रखना चाहते हैं तो Mute बटन पर क्लिक कर सकते हैं। यह केवल स्पीकर को शांत करेगा, परंतु साउंड/गीत/संगीत मूवी इत्यादि चलते रहेंगे।

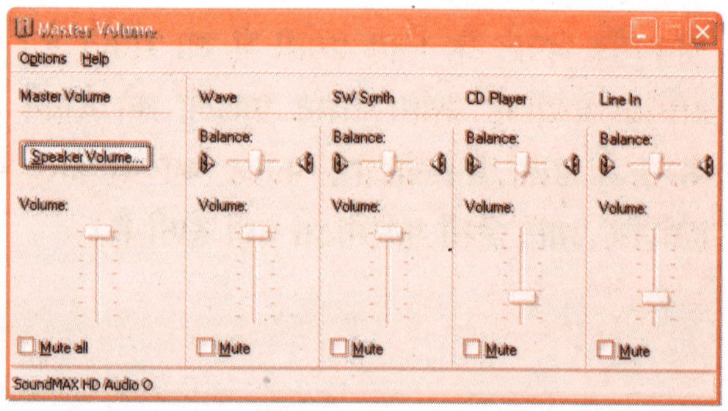

विंडोज मीडिया प्लेयर

यदि आप कंप्यूटर पर काम करते समय गीत-संगीत सुनना चाहते हैं या बस गीत-संगीत, वीडियो चलाना चाहते हैं तो विंडोज मीडिया प्लेयर का प्रयोग करके आप उन्हें प्ले कर सकते हैं। गीत-संगीत चलाने के साथ-साथ आपके पास अन्य कई विकल्प होते हैं। आप वॉल्यूम या आवाज एडजस्ट

कर सकते हैं, विजुलाइजेशन देख सकते हैं, सी.डी. के लिए ट्रैक की सूचना डाउनलोड कर सकते हैं और अन्य कार्य कर सकते हैं। इस पर एम.पी. 3, वीडियो सी.डी. जैसी अन्य फाइलें भी चलाई जा सकती हैं।

गेम्स

विंडोज में तरह-तरह के रोचक गेम मिलते हैं। आप अपना समय अधिक स्कोर बनाने में व्यतीत कर सकते हैं। इनमें शामिल कुछ ये हैं—

फ्री सेल, हार्ट्स, पिन बॉल, सोलीटेयर, स्पाइडर सोलीटेयर, माइनस्वीपर

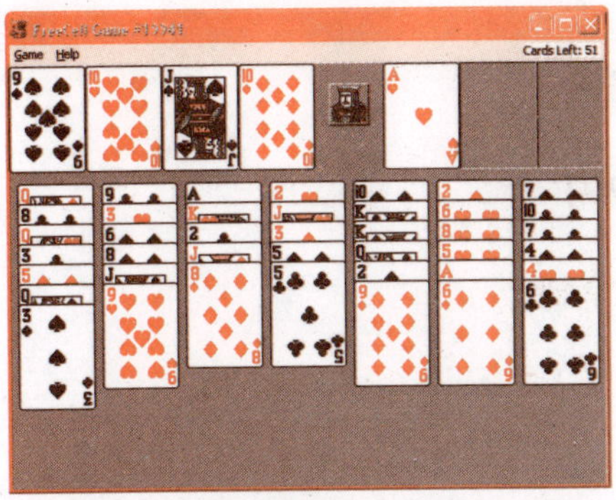

FreeCell

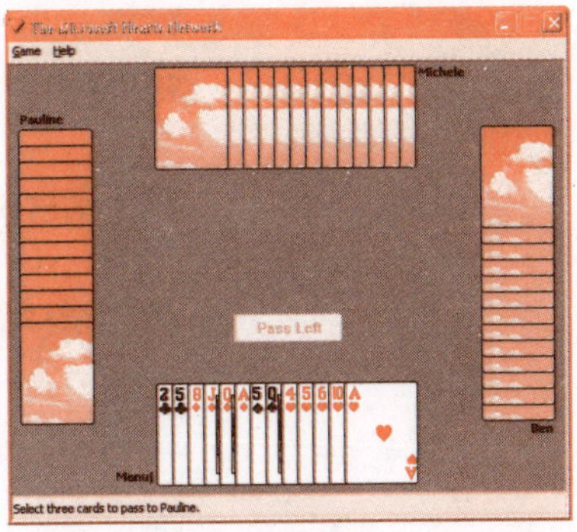

Hearts

Pinball

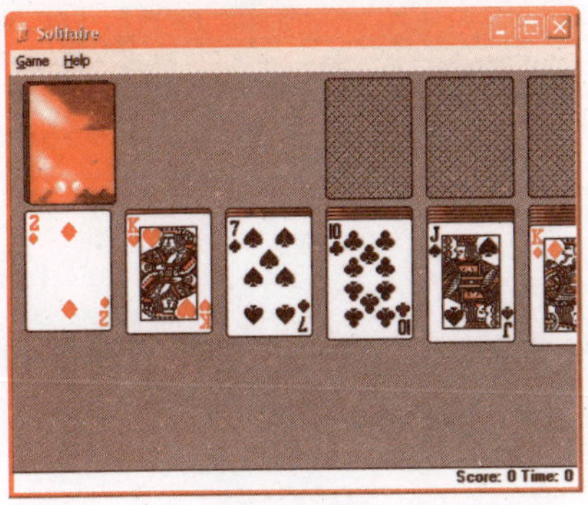

Solitaire

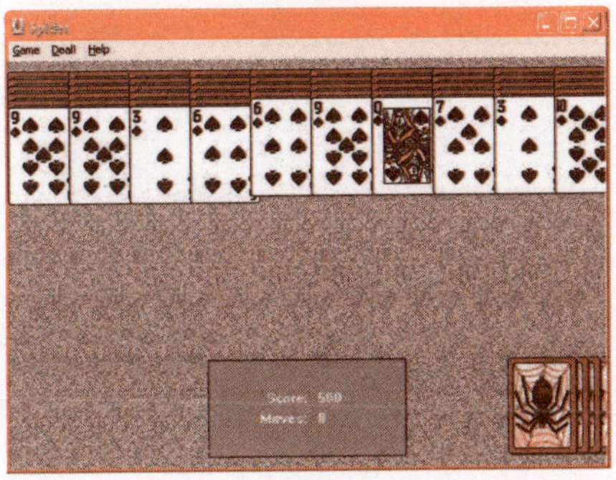

Spider Solitaire

Minesweeper

याद करें

कैलकुलेटर में सामान्य अंकगणितीय केलकुलेशंस और जटिल साइंटिफिक फंक्शनों का प्रयोग होता है।
नोटपैड एक टेक्स्ट एडिटर है, जिसे आप टेक्स्ट डॉक्यूमेंट खोलने और बनाने के लिए इस्तेमाल कर सकते हैं।
वर्डपैड में डॉक्यूमेंट बनाने और टेक्स्ट एडिट के साथ साधारण फॉरमेटिंग व ग्राफिक्स का काम होता है।
वर्डपैड नोटपैड से अधिक शक्तिशाली और वर्ड से कम शक्तिशाली है।
साउंड रिकॉर्डर प्रयोग करके आप आवाज को रिकॉर्ड, मिक्स, प्ले और एडिट कर सकते हैं।
वॉल्यूम कंट्रोल से स्पीकर पर प्ले होनेवाली ध्वनि एडजस्ट की जाती है।
विंडोज मीडिया प्लेयर प्रयोग करके आप ऑडियो या वीडियो सी.डी. प्ले कर सकते हैं।

अभ्यास

(अ) निम्न का मिलान करें—

1. फ्री सेल	अ. ऑडियो/वीडियो
2. मीडिया प्लेयर	ब. गेम्स
3. वॉल्यूम कंट्रोल	स. रिकॉर्ड साउंड
4. साउंड रिकॉर्डर	द. एडजस्ट साउंड
5. वर्डपैड	च. टेक्स्ट फाइल
6. नोटपैड	छ. कैलकुलेशंस
7. कैलकुलेटर	ज. फॉरमेटिंग टेक्स्ट

(ब) निम्न आइकंस को पहचानिए—

1.  ....

2. 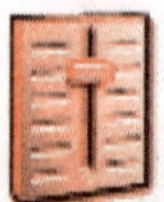 ....

3.  ....

4.  ....

5.  ....

6.  ....

शिक्षकों से

एक्सेसरीज का प्रयोग प्रैक्टिकल द्वारा समझाया जा सकता है।
छात्रों को नोटपैड, वर्डपैड और वर्ड में अंतर समझाइए।

बहुविकल्पीय प्रश्न

(स) विंडोज XP की किन्हीं तीन एक्सेसरीज पर संक्षिप्त टिप्पणी लिखिए।

निम्न चार विकल्पों में से सही विकल्प पर निशान (✔) लगाएँ।

1. **.................................. बेसिक अर्थमैटिक हल करता है। जैसे जोड़, घटाना और साथ ही साइंटिफिक कैलकुलेटर में पाए जानेवाले फंक्शन।**

   अ. इंटरप्रेटर ब. कैलकुलेटर

   स. ट्रांसलेटर द. इनमें से कोई नहीं

2. **नोटपैड एक बेसिक .... है, जो साधारण डॉक्यूमेंट बनाने में प्रयोग होता है।**

   अ. डिजाइनर ब. टेक्स्ट एडिटर

   स. प्रोसेसर द. मैनिपुलेटर

3. **वर्डपैड एक साधारण .... है, जो माइक्रोसॉफ्ट विंडोज XP में सम्मलित है।**

   अ. स्प्रेडशीट ब. वर्ड प्रोसेसर

   स. डिजाइनर द. इनमें से कोई नहीं

4. **.................................. प्रयोग करके आप आवाज को रिकॉर्ड, मिक्स, प्ले और एडिट कर सकते हैं।**

   अ. कैलकुलेटर ब. साउंड रिकॉर्डर

   स. वॉल्यूम कंट्रोल द. इनमें से कोई नहीं

5. **.................................. से आप कंप्यूटर में चलनेवाली साउंड का वॉल्यूम एडजस्ट कर सकते हैं।**

   अ. साउंड रिकॉर्डर ब. मीडिया प्लेयर

   स. वॉल्यूम कंट्रोल द. इनमें से कोई नहीं

6. **.................................. अन्य मीडिया जैसे एम.पी. 3, वीडियो सी.डी. आदि भी चलाता है।**

   अ. साउंड रिकॉर्डर ब. मीडिया प्लेयर

   स. वॉल्यूम कंट्रोल द. इनमें से कोई नहीं

7. **विंडोज .... रोचक गेम्स के साथ आता है, जिसे आप ऑफ लाइन खेल सकते हैं।**

   अ. 2 ब. 4

   स. 6 द. 8

5 बैक-अप

अब तक आप फाइल और फोल्डरों को बनाने और उन्हें व्यवस्थित ढंग से सेव करने के बारे में पढ़ चुके हैं। इन्हें बाद में प्राप्त करने के लिए हमें ऐसा अवश्य करना चाहिए। कभी-कभी विंडोज में फाइलें खराब हो जाती हैं। (काम नहीं करतीं) या हार्डवेयर की खराबी से अथवा वायरस या स्पाईवेयर के हमले से सिस्टम क्रैश हो जाता है। कभी-कभी ये हमले इतने गंभीर होते हैं कि कंप्यूटर से आपका सारा डेटा उड़ जाता है। अपने कंप्यूटर को पुनः चालू करने के लिए उसे फॉरमेट करना पड़ता है और हार्ड डिस्क में सॉफ्टवेयर दुबारा इंस्टॉल करने पड़ते हैं।

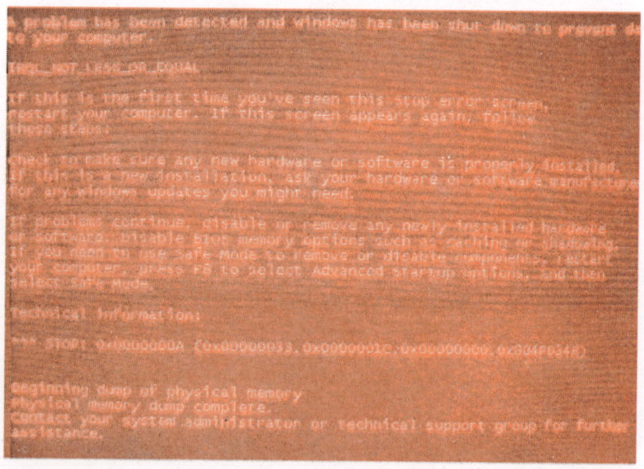

ऑपरेटिंग सिस्टम, एप्लीकेशन प्रोग्राम, गेम्स, यूटिलिटीज इत्यादि सिस्टम में दुबारा डाले जा सकते हैं; लेकिन उन फाइलों का क्या जो आपने बनाई थीं। यदि आपने इनकी कॉपी बनाकर ऐसी सुरक्षित जगह नहीं रखी, जो कंप्यूटर खराब होने पर क्षतिग्रस्त न हुई हो तो उन्हें वापस प्राप्त नहीं किया जा सकता है। फाइलों को सुरक्षित स्थान पर रखने की प्रक्रिया **बैक-अप** कहलाती है।

विंडोज XP हमें बैक-अप स्टोर करने की सुविधा देती है। डिस्क (फ्लॉपी, सी.डी./डी.वी.डी. या हार्ड डिस्क), जो बैक-अप बनाने के लिए इस्तेमाल होती है, उसे **रेस्क्यू डिस्क** या **रिकवरी डिस्क** कहते हैं।

अतिरिक्त जानकारी : रीस्टोर

सिस्टम क्रैश होने की दशा में यदि आपने बैक-अप फाइलें बनाई हैं तो सी.डी. या पेन ड्राइव अथवा किसी भी बैक-अप डिस्क से सुरक्षित फाइलों को कंप्यूटर में वापस डाल सकते हैं। इसे रीस्टोरिंग बैक-अप या रीस्टोर कहते हैं।

अब हम जान चुके हैं कि डेटा या फाइलों को सुरक्षित रखने के लिए उनका बैक-अप लेना बहुत आवश्यक है। यह काम हम फ्लॉपी, सी.डी./डी.वी.डी. या पेन ड्राइव में कॉपी करके कर सकते हैं। आइए, अब जानते हैं कि फाइलों का बैक-अप कैसे बनाते हैं।

फ्लॉपी में बैक-अप लेना

1. **फ्लॉपी ड्राइव (A: drive)** में एक खाली फ्लॉपी (या पर्याप्त खाली जगह) वाली फ्लॉपी लगाएँ।
2. **Start** बटन पर क्लिक करके और फिर **My Computer** पर क्लिक करके माई कंप्यूटर खोलें।
3. फ्लॉपी में कॉपी होनेवाले फाइल या फोल्डर को चुनें।
4. Edit > Copy चुने या Ctrl+C दबाएँ।
5. **A:** ड्राइव को खोलने के लिए डबल क्लिक करें।
6. Edit > Paste चुनें या Ctrl+V दबाएँ।
7. फाइल फ्लॉपी ड्राइव में कॉपी हो जाएगी।

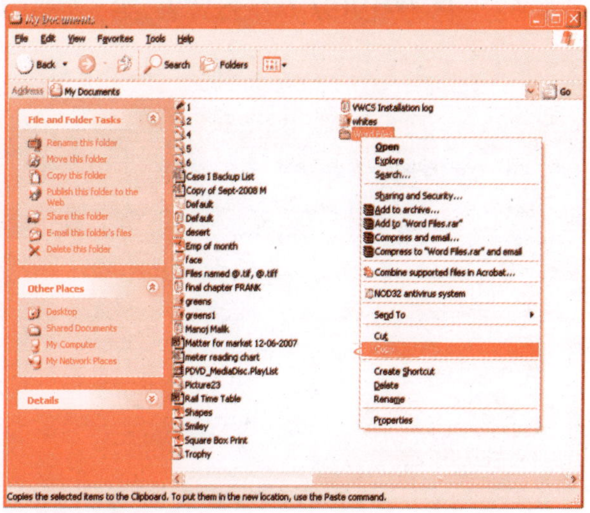

माउस को राइट क्लिक करके शॉर्टकट मेन्यू से Copy और Paste विकल्प चुनकर भी यह काम किया जा सकता है।

सी.डी./डी.वी.डी. में बैक-अप लेना

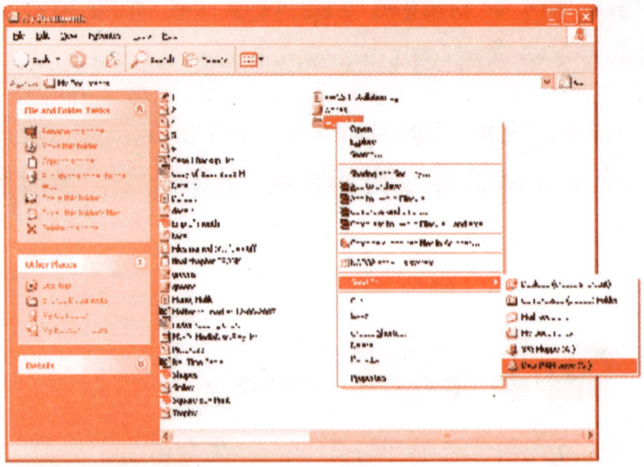

1. सी.डी. रॉम ड्राइव (D: से Z: तक किसी drive) में एक खाली सी.डी. लगाएँ।
2. Start बटन पर क्लिक करके और फिर My Computer पर क्लिक करके माई कंप्यूटर खोलें।
3. सी.डी. में कॉपी होनेवाले फाइल या फोल्डर को चुनें।
4. चुनी गई फाइल पर राइट क्लिक करके और **Sent to>CD Drive** चुनें।
5. सिस्टम ट्रे में एक छोटा आइकन और साथ में एक मैसेज You have files waiting to be written to the CD. आ जाएगा।

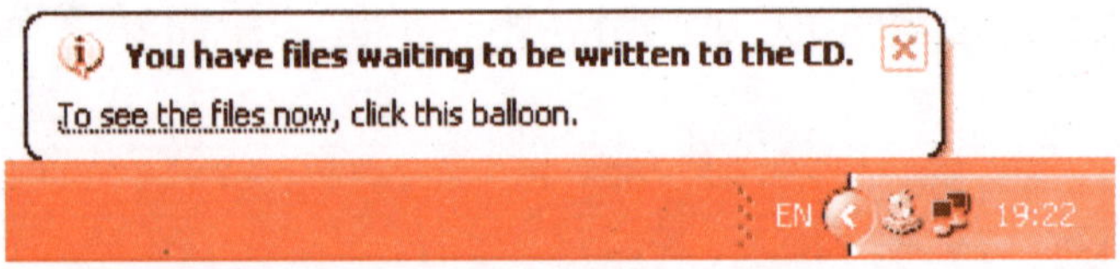

6. जब आप उस आइकन पर क्लिक करेंगे तो **CD writing dialog box** मैसेज आ जाएगा।
7. **Write these files to CD** विकल्प को चुनें।
8. CD Writing Wizard आ जाता है।

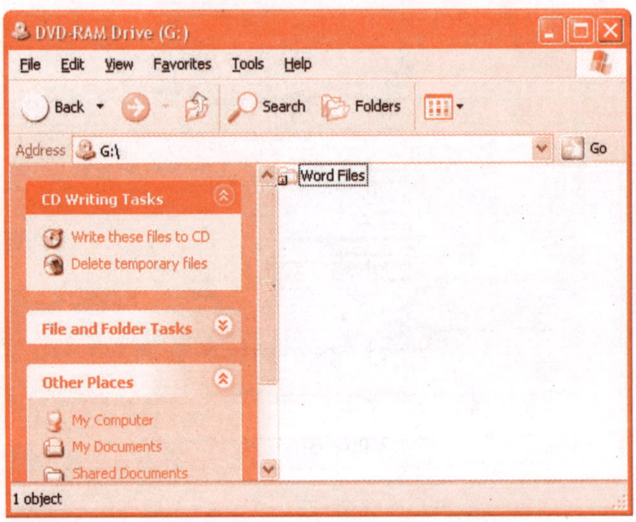

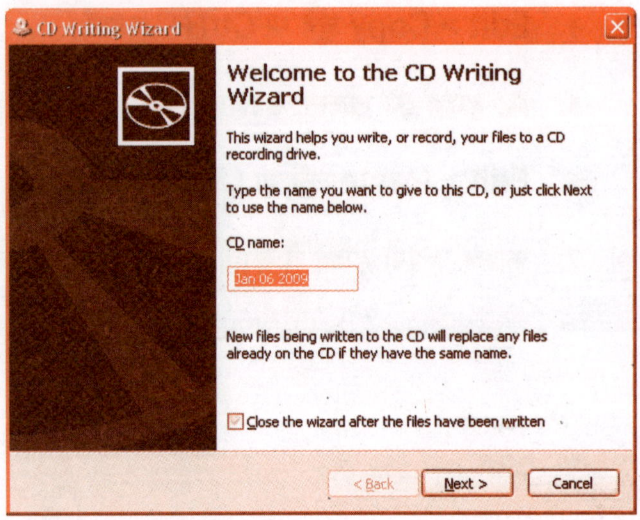

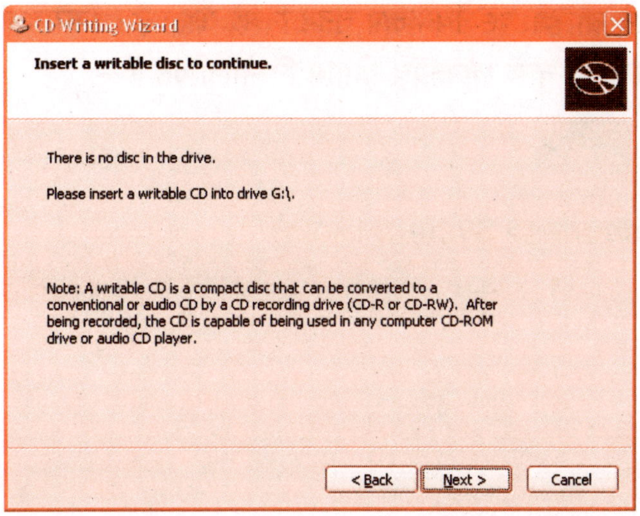

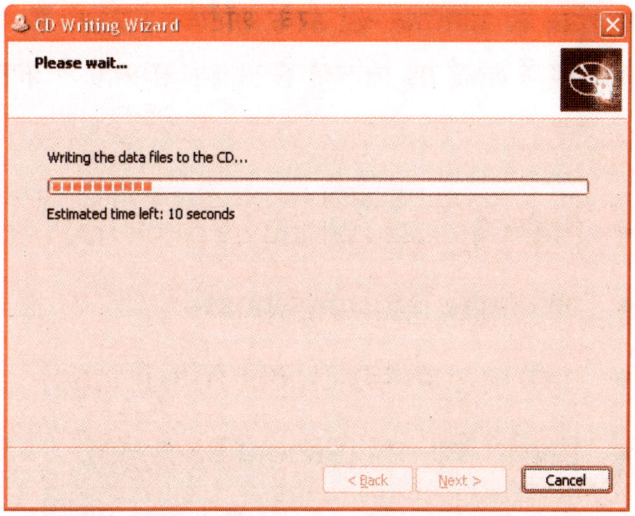

9. **Next** पर क्लिक करिए और फिर सी.डी. पर फाइल लिखने के लिए 'Finish' पर क्लिक करिए।

पेन ड्राइव में बैक-अप लेना

1. पेन ड्राइव को यू.एस.बी. पोर्ट (D: से Z: तक किसी drive) लगाएँ।
2. माई कंप्यूटर विंडो खोलें।
3. पेन ड्राइव में कॉपी करने के लिए फाइल और फोल्डर को चुनिए।
4. **Edit > Copy** चुनें या Ctrl+C दबाएँ।
5. पेन ड्राइव आइकन पर क्लिक करिए।
6. **Edit > Paste** चुनें या Ctrl+V दबाएँ।
7. फाइल पेन ड्राइव में कॉपी हो जाएगी।

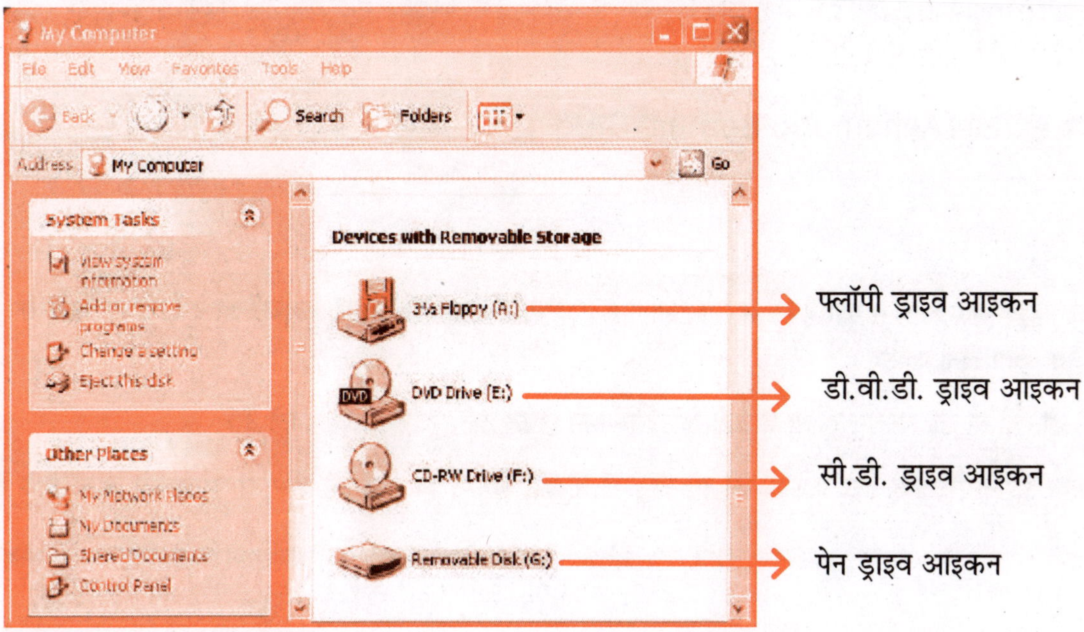

उपर्युक्त के अतिरिक्त कई अन्य कमर्शियल प्रोग्राम हैं, जिनसे सी.डी. पर बैक-अप राइट किया जाता है। इनमें इस अध्याय में बताई गई विधियों से अधिक सुगमता से काम होता है। कुछ लोकप्रिय प्रोग्राम निम्नलिखित हैं—

बैक-अप

- विंडोज बैक-अप (Windows Back-up) (Accessories> System tools)
- नॉरटन घोस्ट (Norton Ghost)
- एक्रोनिस ट्रू इमेज (Acronis True image)
- सिक्योरा बैक-अप (Secura Back-up)
- बैक-अप जिनी (Back-up Genie)
- नेरो बैक-अप (Nero Back-up)

सी.डी. राइट करना

विंडोज सी.डी. रिकॉर्डर के अतिरिक्त बाजार में कई और प्रोग्राम उपलब्ध हैं। यह बहुत शक्तिशाली कॉमर्शियल प्रोग्राम है। ये सी.डी. या डी.वी.डी. पर राइट करने के अतिरिक्त भी कई सुविधाएँ देते हैं। ये सी.डी. या डी.वी.डी. पर लिखने के अतिरिक्त आवाज या वीडियो रिकॉर्डिंग जैसे कार्य करने में सहायक हैं। कुछ लोकप्रिय प्रोग्राम निम्नलिखित हैं—

- नेरो (Nero)
- ईजी सी.डी./डी.वी.डी. क्रिएटर (Easy CD/DVD creator)
- सोनिक पावर डी.वी.डी. बर्नर (Sonique Power DVD Burner)
- अल्कोहल 120 (Alcohol 120)
- अशैंपू बर्निंग स्टूडियो (Ashampoo Burning Studio)

याद करें

सुरक्षित स्थान पर फाइल की कॉपी बनाना बैक-अप कहलाता है। आपको अपनी महत्त्वपूर्ण फाइलों को दुर्घटनावश क्षति से बचाने के लिए बैक-अप लेना चाहिए।

आप फ्लॉपी, सी.डी./डी.वी.डी. या पेन ड्राइव में डेटा का बैक-अप लेकर उसे सुरक्षित कर सकते हैं।

रीस्टोर एक प्रक्रिया है, जिसमें बैक-अप फाइलों को सी.डी., डी.वी.डी., पेन ड्राइव आदि से कंप्यूटर पर वापस लाया जाता है।

अभ्यास

(अ) निम्न में बैक-अप लेने के लिए स्टेप्स लिखिए—

1. सी.डी.
2. पेन ड्राइव

(ब) शब्दों की सहायता से रिक्त स्थान भरो—

रीस्टोर	फ्लॉपी	रेस्क्यू डिस्क	पेन ड्राइव	सेविंग	सी.डी.

1. तीन तरह की ड्राइव जिनमें बैक-अप लेते हैं वे हैं ...., ... और .... ।
2. जो डिस्क बैक-अप बनाने के लिए प्रयोग करते हैं उसे कहते हैं .... ।
3. बैक-अप का अर्थ है फोल्डर और फाइल को सुरक्षित स्थान पर कॉपी .... ।
4. रेस्क्यू डिस्क से वापस कंप्यूटर पर फाइलों को कॉपी करना .... कहलाता है।

स. शब्दों का मिलान करो—

1. सोनिक पावर डी.वी.डी. बर्नर	अ. फ्लॉपी, हार्डडिस्क, सी.डी./डी.वी.डी. ड्राइव
2. हार्ड डिस्क से कॉपी करना	ब. Edit > Copy
3. पेन ड्राइव में पेस्ट करना	स. बैक-अप
4. नॉरटन घोस्ट	द. सी.डी. राइटर
5. My Computer दिखाता है	च. Edit > Paste

शिक्षकों से

छात्रों को फाइलों का बैक-अप बनाने के लाभ समझाएँ।

फ्लॉपी, सी.डी./डी.वी.डी. और पेन ड्राइव में उनके आकार, मेमोरी और ड्यूरेबिलिटी के आधार पर अंतर समझाइए।

बहुविकल्पीय प्रश्न

निम्न चार विकल्पों में से सही विकल्प पर निशान (✔) लगाएँ।

1. **फाइलों की सुरक्षित स्थान पर कॉपी बनाने की प्रक्रिया कहलाती है—**

   अ. कॉपी
   ब. पेस्ट
   स. बैक-अप
   द. इनमें से कोई नहीं

2. **डिस्क (फ्लॉपी, सी.डी./डी.वी.डी. या हार्डडिस्क), जिसे बैक-अप बनाने के लिए प्रयोग करते हैं, कहलाती है—**

   अ. रेस्क्यू डिस्क
   ब. रिकवरी डिस्क
   स. स्टार्टअप डिस्क
   द. अ और ब दोनों

3. **बैक-अप डिस्क, सी.डी. या पेन ड्राइव आदि से सुरक्षित फाइलों को कंप्यूटर पर वापस लाने की प्रक्रिया कहलाती है—**

   अ. रीस्टोरिंग बैक-अप
   द. सिंपली रीस्टोर
   स. कंप्रेसिंग फाइल्स
   द. अ और ब दोनों

4. **निम्न में से कौन सा बैक-अप सॉफ्टवेयर नहीं है?**

   अ. नॉरटन घोस्ट
   ब. एक्रोनिस ट्रू इमेज
   स. सिक्योरा बैक-अप
   द. फायरवाल

5. **निम्न में से कौन सा सी.डी. राइटिंग सॉफ्टवेयर नहीं है?**

   अ. नेरो
   ब. इजी सी.डी./डी.वी.डी. क्रिएटर
   स. विनैंप
   द. सोनिक पावर डी.वी.डी. बर्नर

6 एम.एस. ऑफिस 2003 का परिचय

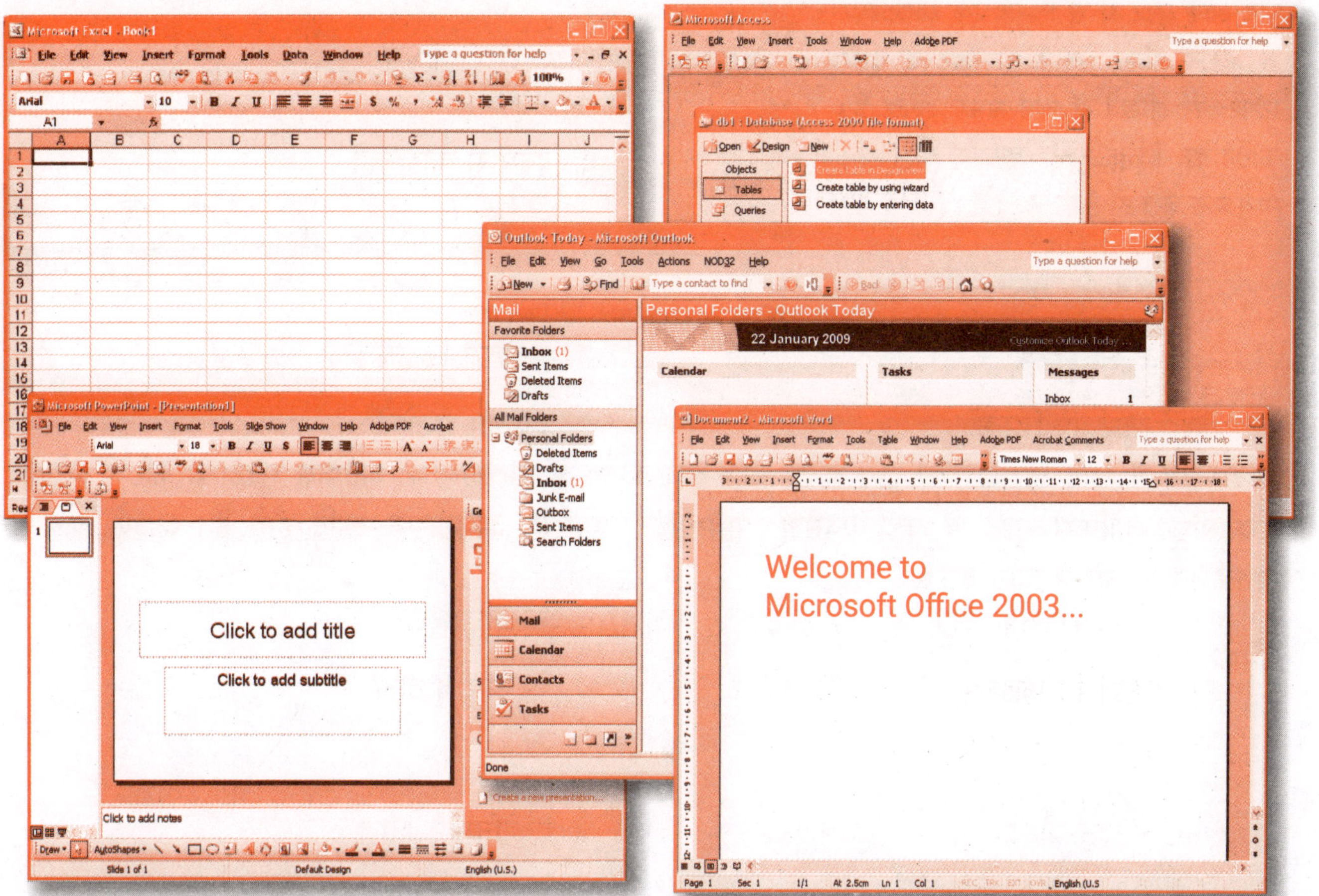

आप जानते हैं कि एप्लीकेशन सुइट क्या होता है। माइक्रोसॉफ्ट ऑफिस एक बहुप्रचलित एप्लीकेशन सुइट है, जिसमें वर्ड प्रोसेसिंग, स्प्रेडशीट, प्रेजेंटेशन, डेटाबेस मैनेजमेंट और इ-मेल के एप्लीकेशन होते हैं। जब ये सभी प्रोग्राम एक साथ मिल जाते हैं तो एक ऑफिस की रोजमर्रा की सभी जरूरतें पूरी करते हैं।

आज बाजार में कई ऑफिस सुइट उपलब्ध हैं। ये हैं माइक्रोसॉफ्ट ऑफिस सुइट, लोटस स्मार्ट सुइट, कोरल वर्ड परफेक्ट ऑफिस सुइट, ओपन ऑफिस सुइट, गूगल एप्स, जोहो ऑनलाइन सुइट आदि।

इनमें से कुछ सुइट जैसे ओपन ऑफिस सुइट, गूगल एप्स, जोहो ऑनलाइन बहुत ही शक्तिशाली हैं और नि:शुल्क भी। आप केवल उनकी वेबसाइट पर जाकर बिना कोई शुल्क दिए उनका प्रयोग कर सकते हैं। आपको केवल एक बार उस कंपनी में रजिस्टर करने की आवश्यकता हो सकती है। रजिस्ट्रेशन एक कार्रवाई है, जिसमें आप अपना विवरण (जैसे—नाम, उम्र, पता, संपर्क की जानकारी आदि) कंपनी को देते हैं।

अतिरिक्त जानकारी : एप्लीकेशन सुइट

सुइट प्रोग्रामो का एक समूह होता है, जिसे एक साथ बेचा जाता है। ये सामान्यत: देखने में एक जैसे होते हैं और एक-दूसरे के साथ सुगमता से कार्य करते हैं।

यदि आप सुइट में से किसी एक सॉफ्टवेयर के बारे में सीख लेते हैं तो सुइट के दूसरे सॉफ्टवेयर सीखने में कम समय लगता है। कारण यह है कि टूल्स, कमांड, बटन और मेन्यू एक जैसे ही काम करते हैं।

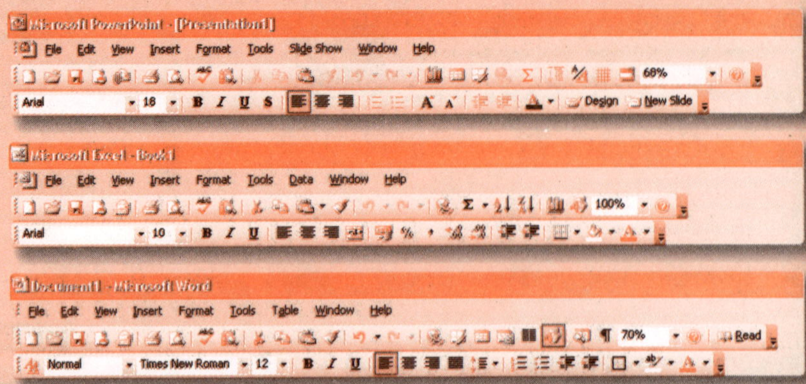

इस अध्याय में आप माइक्रोसॉफ्ट द्वारा बनाए और बेचे जानेवाले माइक्रोसॉफ्ट ऑफिस सुइट के बारे में सीखेंगे। माइक्रोसॉफ्ट ऑफिस सुइट में वर्ड, एक्सेल, पावरपॉइंट, एक्सेस, आउटलुक आदि होते हैं। आइए, अब इन एप्लीकेशन के बारे में और जानें।

माइक्रोसॉफ्ट वर्ड

वर्ड प्रोसेसर एक एप्लीकेशन सॉफ्टवेयर है, जिसमें आप पत्र, मेमो, रिपोर्ट, कहानियाँ लिख सकते हैं और होमवर्क कर सकते हैं। माइक्रोसॉफ्ट वर्ड एक संपूर्ण गुण-संपन्न वर्ड प्रोसेसर है। इसका मुख्य प्रयोग टेक्स्ट टाइप करने, फॉरमेट करने, डॉक्यूमेंट में पिक्चर लगाने आदि के लिए होता है। माइक्रोसॉफ्ट वर्ड में बनाई गई फाइल का एक्सटेंशन **डॉट डीओसी (.doc)** होता है।

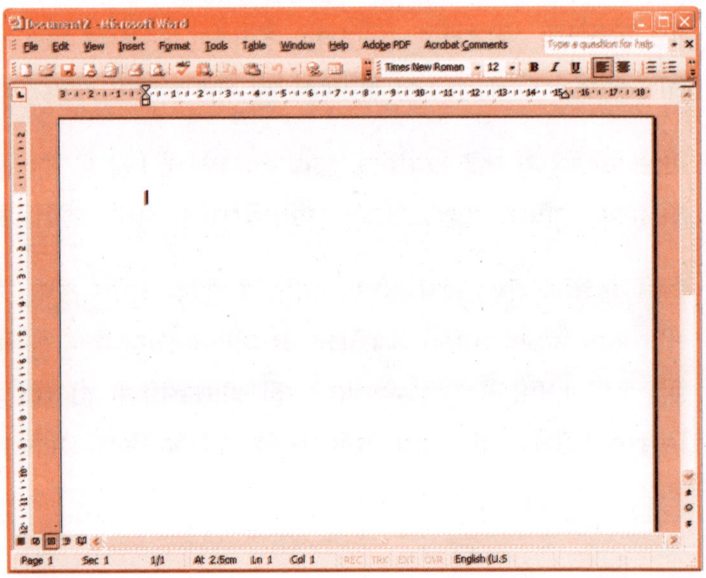

माइक्रोसॉफ्ट एक्सेल

माइक्रोसॉफ्ट एक्सेल एक **स्प्रेडशीट प्रोग्राम** है, जो माइक्रोसॉफ्ट ऑफिस सुइट में उपलब्ध है। स्प्रेडशीट लाइनों, खानों ओर सेल की व्यवस्था से बनाया जाता है। इसका मुख्य प्रयोग गणना करने, चार्ट और टेबल बनाने आदि के लिए होता है। फॉर्मूले और फंक्शन का प्रयोग करके इससे डेटा छाँटा और फिल्टर किया जा सकता है। माइक्रोसॉफ्ट एक्सेल में बनाई गई फाइल का **एक्सटेंशन डॉट एक्सएलएस (.xls)** होता है।

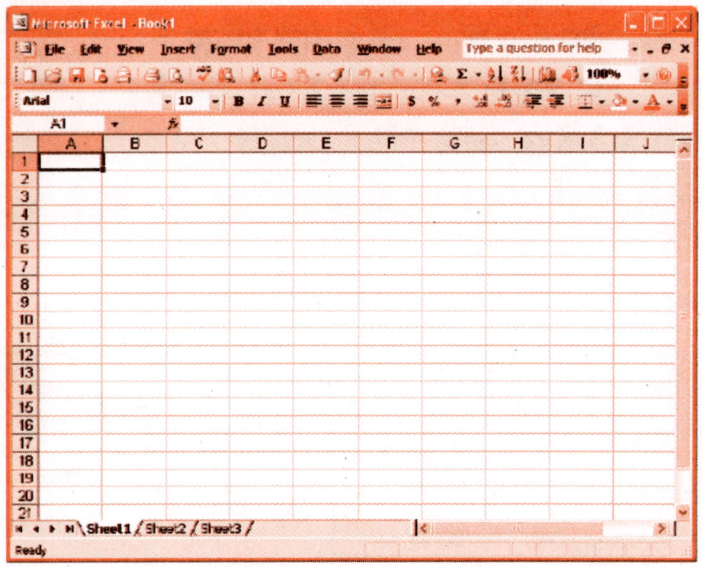

माइक्रोसॉफ्ट पावरपॉइंट

माइक्रोसॉफ्ट पावर पॉइंट एक लोकप्रिय **प्रेजेंटेशन प्रोग्राम** है। एक प्रेजेंटेशन प्रोग्राम टेक्स्ट, इमेज, साउंड, वीडियो, एनिमेशन आदि को जोड़ कर प्रयोग करने के लिए बनाया जाता है, जिसे दर्शकों को दिखाया जा सके। माइक्रोसॉफ्ट पावरपॉइंट को आप प्रेजेंटेशन बनाने के लिए प्रयोग कर सकते हैं, जिसमें टेक्स्ट, ग्राफिक्स, मूवी, साउंड आदि लगा सकते हैं। इस प्रेजेंटेशन को स्लाइड शो भी कहते हैं। इसे स्क्रीन पर दिखाया जा सकता है या ट्रांसपैरेंसी या पेपर पर प्रिंट किया जा सकता है। आप अपने प्रेजेंटेशन में एनिमेशन, होम वीडियो, गाने, अपनी आवाज, गीत-संगीत, वर्ड आर्ट और आकृतियाँ लगा सकते हैं।

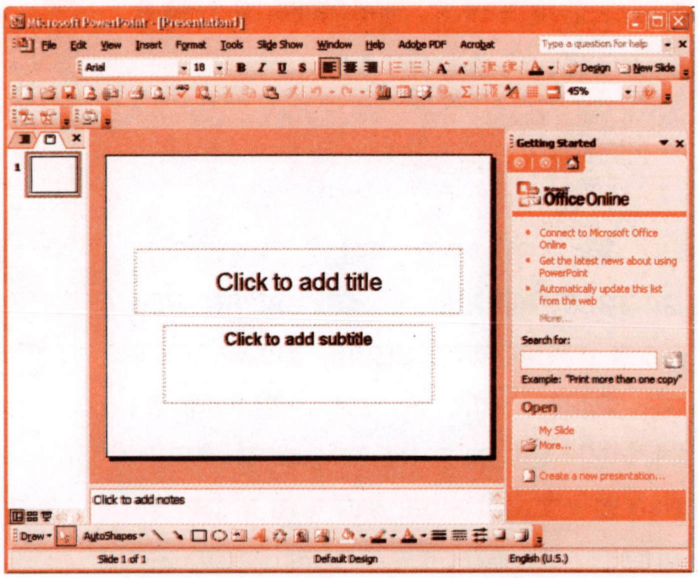

माइक्रोसॉफ्ट पावर पॉइंट में बनाई गई फाइलों का एक्सटेंशन **डॉट पीपीटी (.ppt)** होता है।

माइक्रोसॉफ्ट आउटलुक

माइक्रोसॉफ्ट आउटलुक एक **इ-मेल प्रोग्राम** है। इसमें एक पर्सनल इन्फॉरमेशन मैनेजर होता है, जिसमें कैलेंडर, टास्क मैनेजर, कॉण्टेक्ट मैनेजर आदि रहते हैं।

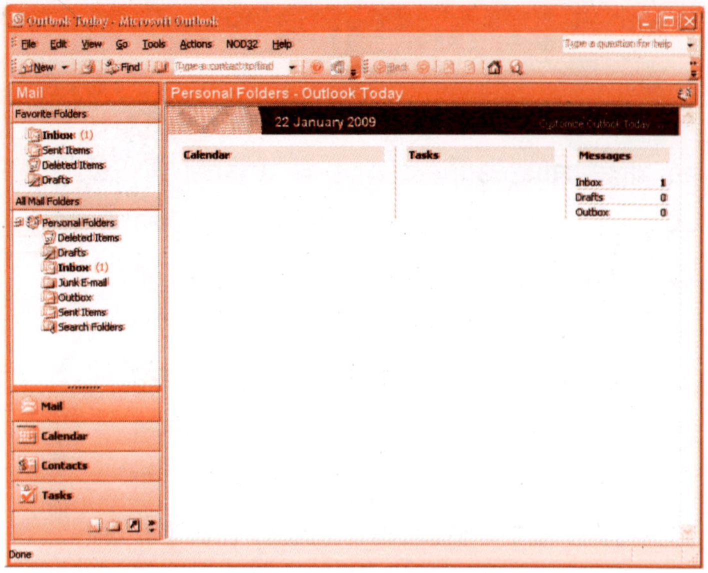

माइक्रोसॉफ्ट एक्सेस

माइक्रोसॉफ्ट एक्सेस एक **रिलेशनल डेटाबेस मैनेजमेंट सिस्टम** (RDBMS) है। इसका प्रयोग बड़ी मात्रा में सूचनाओं को रिकॉर्ड्स के रूप में रखने के लिए करते हैं, जिन्हें फाइल में रखते हैं और यह डेटाबेस कहलाता है।

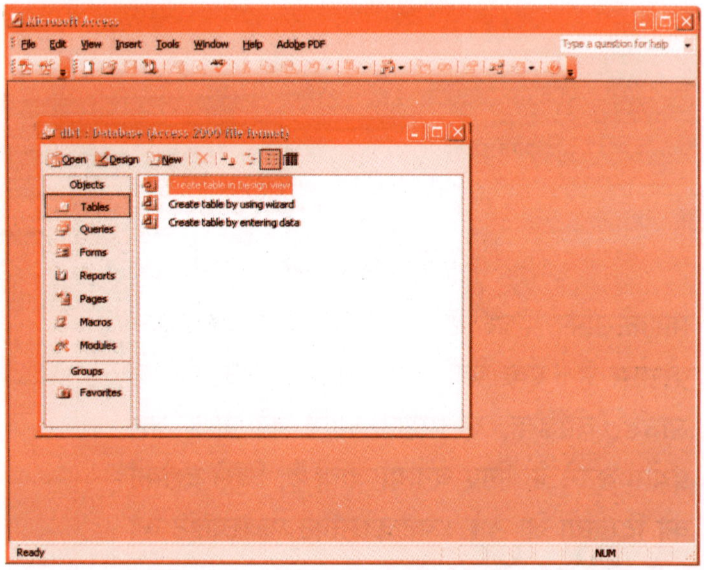

जैसा कि ऊपर बताया गया है, माइक्रोसॉफ्ट ऑफिस के अतिरिक्त भी दूसरे ऑफिस सुइट होते हैं, जिनका प्रयोग टाइपिंग, डेटा ऑर्गेनाइज और प्रेजेंटेशन आदि के लिए किया जाता है। इन एप्लीकेशन का प्रमुख लाभ इनका कीमत-रहित होना है। हमें अपना काम करने के लिए इन सॉफ्टवेयर को खरीदना नहीं पड़ता। आइए, अब इन निःशुल्क एप्लीकेशन सुइट के बारे में जानें।

जोहो डॉट कॉम

जोहो डॉट कॉम एक निःशुल्क ऑनलाइन प्रोग्राम है, जिसमें वर्ड प्रोसेसिंग, स्प्रेडशीट, प्रेजेंटेशन, पर्सनल इन्फॉरमेशन मैनेजर, डेटा मैनेजमेंट प्रोग्राम

एक साथ बने होते हैं। इसमें राइटर (वर्ड प्रोसेसर शीट), शीट (स्प्रेड शीट के रूप में), शो (प्रेजेंटेशन प्रोग्राम के रूप में) और कई कंपोनेंट होते हैं। इसमें डॉक्यूमेंट में काम तेज गति से होता है। अपने सभी डॉक्यूमेंट्स को ऑनलाइन (और ऑफलाइन भी) रखकर किसी भी कंप्यूटर पर घर, स्कूल या दफ्तर में कार्य कर सकते हैं। जोहो सुइट प्रयोग करने के लिए **www.zoho.com** पर जाएँगे।

जोहो ऑनलाइन सुइट

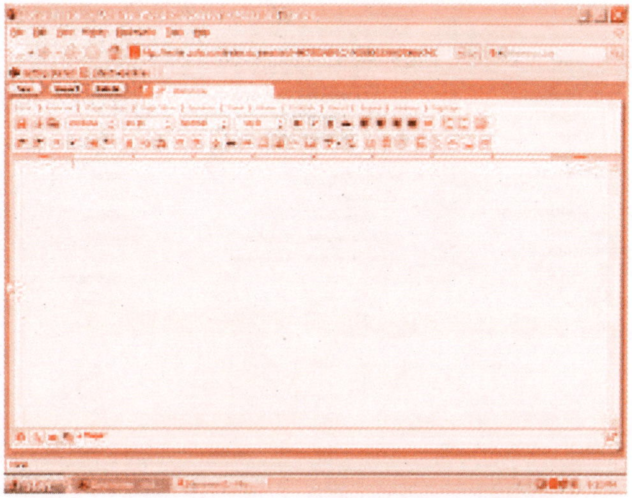

जोहो राइटर (वर्ड प्रोसेसर)

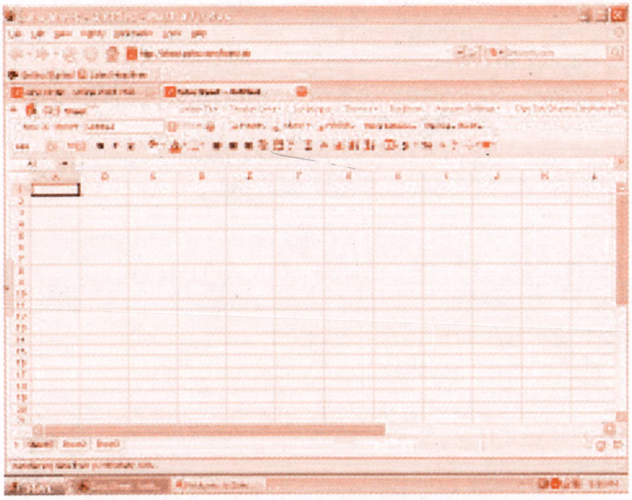

जोहो शीट (स्प्रेडशीट)

जोहो शो (प्रेजेंटेशन/स्लाइड शोज)

गूगल डॉक्स

प्रयोग में आसान ऑनलाइन वर्ड प्रोसेसर, स्प्रेडशीट और प्रेजेंटेशन एडिटर है, जो आपको ऑनलाइन डॉक्यूमेंट्स बनाने, स्टोर करने और साझा करने की सुविधा देता है। आप स्क्रैच से नया डॉक्यूमेंट बना सकते हैं या पहले से बने डॉक्यूमेंट को अपलोड कर सकते हैं। इसके अतिरिक्त स्प्रेडशीट और प्रेजेंटेशन में काम कर सकते हैं। इसके लिए कोई सॉफ्टवेयर डाउनलोड नहीं करना होता बल्कि आपका पूरा काम ऑनलाइन सुरक्षित रहता है, जिसे किसी भी

कंप्यूटर से इस्तेमाल किया जा सकता है।

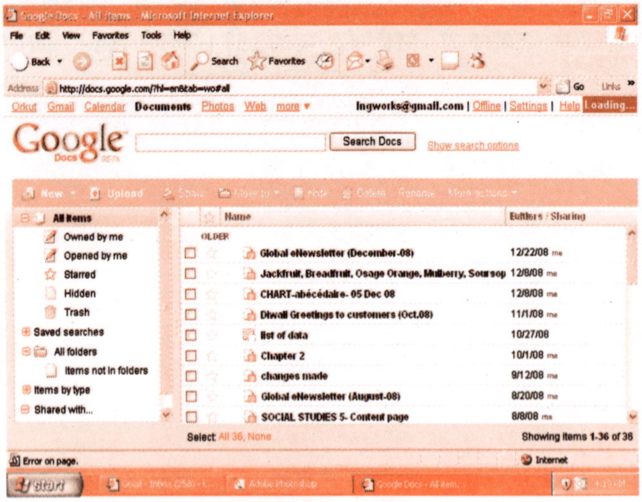

गूगल डॉक्स सुइट

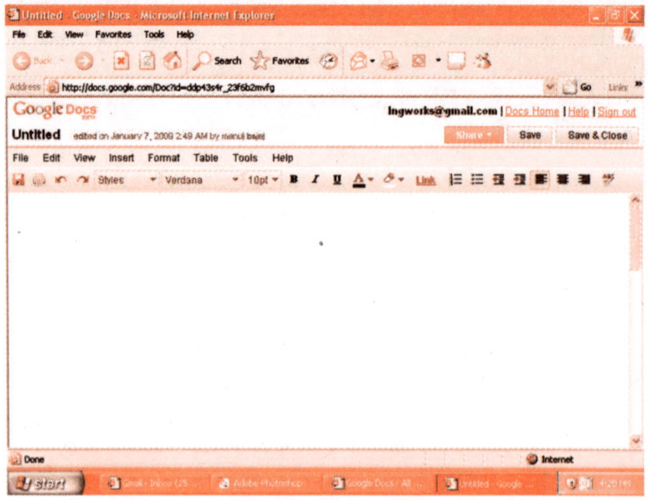

गूगल डॉक्स वर्ड प्रोसेसर

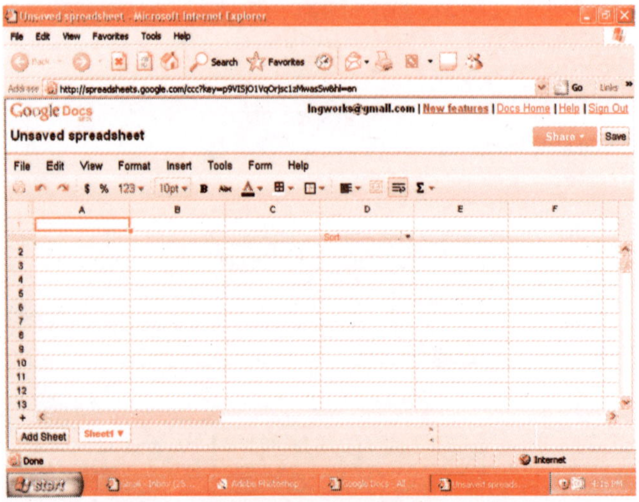

गूगल डॉक्स स्प्रेडशीट

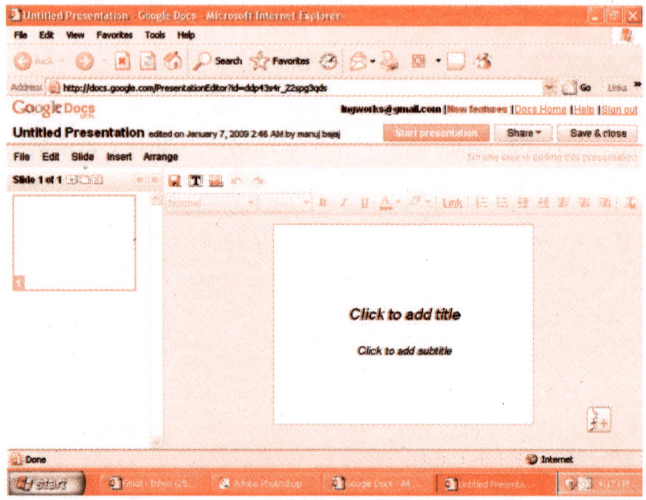

गूगल डॉक्स प्रैजेंटेशन

गूगल डॉक्स प्रयोग करने के लिए www.docs.google.com पर जाते हैं।

ओपन ऑफिस

ओपन ऑफिस एक अग्रणी ओपन सोर्स ऑफिस सॉफ्टवेयर सुइट है, जिसमें वर्ड प्रोसेसिंग, स्प्रेडशीट, प्रेजेंटेशन और अन्य काम होते हैं। यह कई भाषाओं में उपलब्ध है और सभी कंप्यूटरों पर काम करता है। यह डेटा को इंटरनेशनल ओपन स्टैंडर्ड फॉरमेट में स्टोर करता है। यह फाइल को किसी भी अन्य कॉमन ऑफिस सॉफ्टवेयर से लिख और पढ़ सकता है। इसे नि:शुल्क ही डाउनलोड करके प्रयोग कर सकते हैं। ओपन ऑफिस को डाउनलोड करने के लिए **www.openoffice.org** पर जाते हैं।

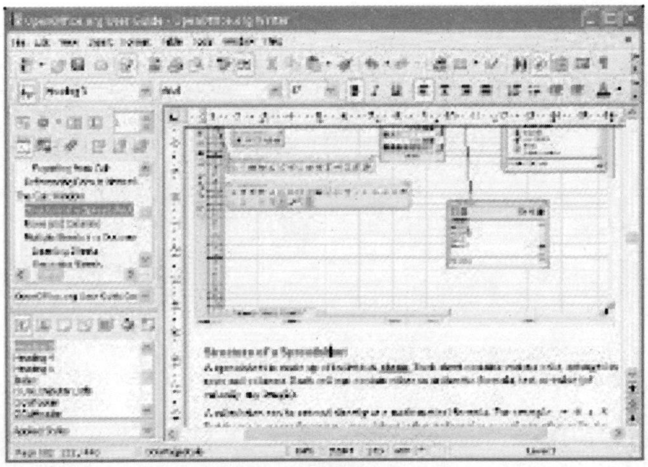

राइटर (वर्ड प्रोसेसर)

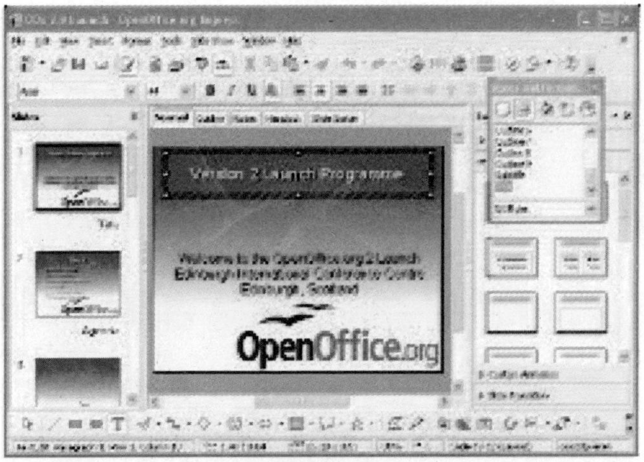

इंप्रेस (प्रेजेंटेशन)

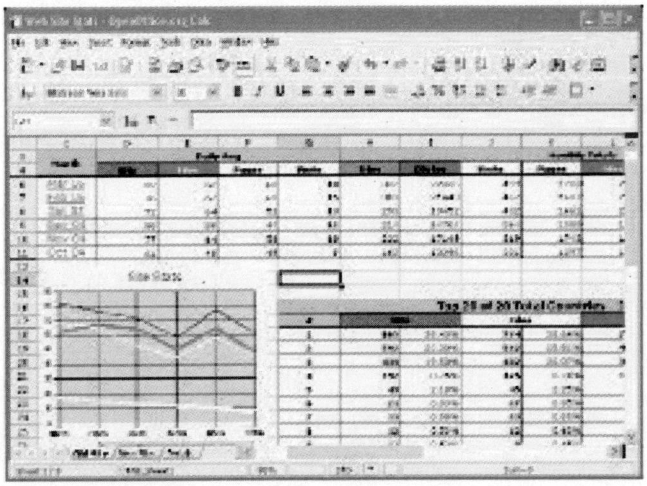

कैल्क (स्प्रेडशीट)

स्प्लेश स्क्रीन

याद करें

1. एक ऑफिस सुइट एप्लीकेशन का समूह होता है, जो ऑफिस में प्रयोग होनेवाले दैनिक कार्यों को पूरा करता है।
2. माइक्रोसॉफ्ट ऑफिस माइक्रोसॉफ्ट के विंडोज ऑपरेटिंग सिस्टम पर चलने के लिए बनाया गया व्यावसायिक ऑफिस सुइट है।
3. कुछ और भी ऑफिस सुइट उपलब्ध हैं, जो शक्तिशाली और निःशुल्क हैं जैसे—ओपन ऑफिस, गूगल डॉक्स, जोहो एप्स आदि।
4. वर्ड प्रोसेसर एक सॉफ्टवेयर है, जिसमें आप पत्र, मेमो, रिपोर्ट, कहानी लिखने और होमवर्क करने जैसे काम कर सकते हैं। माइक्रोसॉफ्ट वर्ड एक संपूर्ण गुण-संपन्न वर्ड प्रोसेसर है।
5. स्प्रेडशीट लाइनों, खानों और सेल से व्यवस्थित एक प्रारूप होता है। माइक्रोसॉफ्ट एक्सेल एक स्प्रेडशीट प्रोग्राम है।
6. प्रेजेंटेशन प्रोग्राम टेक्स्ट, इमेज, साउंड, वीडियो, एनिमेशन आदि को एकीकृत करके प्रयोग करता है, जिसे दर्शकों को दिखाया जा सकता है। माइक्रोसॉफ्ट पावर पॉइंट एक लोकप्रिय प्रेजेंटेशन प्रोग्राम है।

अभ्यास

(अ) शब्दों की सहायता से रिक्त स्थान भरें—

ओपन ऑफिस	.xls	जोहो ऑनलाइन	गूगल डॉक्स	.doc	.ppt

1. वर्ड में बनाई गई फाइल का एक्सटेंशन होता है ....।
2. एक्सेल में बनाई गई फाइल का एक्सटेंशन होता है ....।
3. पावर पॉइंट में बनाई गई फाइल का एक्सटेंशन होता है ....।
4. ....और ....एम.एस. ऑफिस के अतिरिक्त आनलाइन ऑफिस एप्लीकेशन हैं।
5. ....एक अग्रणी ओपन सोर्स ऑफिस सॉफ्टवेयर सुइट है।

(ब) निम्न के प्रयोग लिखिए—

1. माइक्रोसॉफ्ट वर्ड
2. माइक्रोसॉफ्ट एक्सेल
3. माइक्रोसॉफ्ट पावरपॉइंट

(स) निम्न पर संक्षिप्त टिप्पणी लिखिए—

ओपन ऑफिस

गूगल डॉक्स

जोहो एप्स

(द) यदि आप महीने के कुल व्यय को प्रत्येक वस्तु के अलग-अलग मूल्य के साथ जोड़ना चाहते हैं तो कौन सा प्रोग्राम प्रयोग करेंगे?

(च) क्या आप निम्न आइकंस पहचान सकते हैं? इन प्रोग्राम्स के नाम लिखिए—

1.  ....
2.  ....
3.  ....
4.  ....
5.  ....

शिक्षकों से

सभी एप्लीकेशन प्रोग्राम समझाने के लिए छात्रों से प्रेक्टिकल करवाइए।

वास्तविक जीवन से जुड़ी समस्याओं और स्थितियों पर चर्चा कीजिए और यह समझाइए कि किस स्थिति में कौन सा प्रोग्राम प्रयोग करेंगे।

बहुविकल्पीय प्रश्न

निम्न चार विकल्पों में से सही विकल्प पर निशान (✔) लगाएँ।

1. **ऑफिस सुइट निम्न एप्लीकेशन के लिए एक समूह है—**

   अ. वर्ड प्रोसेसिंग

   ब. स्प्रेडशीट और प्रेजेंटेशन

   स. डेटाबेस मैनेजमेंट और इ-मेलिंग

   द. उपर्युक्त सभी

2. **बाजार में इनमें से कौन सा ऑफिस सुइट मौजूद है—**

   अ. माइक्रोसॉफ्ट ऑफिस सुइट

   ब. लोटस स्मार्ट सुइट

   स. कोरल वर्ड परफेक्ट ऑफिस सुइट

   द. उपर्युक्त सभी

3. **इनमें से कौन सा सुइट सबसे अधिक शक्तिशाली और बिलकुल निःशुल्क है?**

   अ. ओपन ऑफिस   ब. गूगल एप्स

   स. जोहो ऑनलाइन   द. उपर्युक्त सभी

4. **निम्न में से कौन सा सुइट सबसे अधिक प्रसिद्ध है?**

   अ. लोटस स्मार्ट सुइट

   ब. कोरल वर्ड परफेक्ट ऑफिस सुइट

   स. माइक्रोसॉफ्ट ऑफिस सुइट

   द. इनमें से कोई नहीं

5. **माइक्रोसॉफ्ट ऑफिस सुइट मिला-जुला रूप है—**

   अ. वर्ड, एक्सेल, पावरपॉइंट   ब. एक्सेस, आउटलुक

   स. अ और ब दोनों   द. इनमें से कोई नहीं

6. माइक्रोसॉफ्ट वर्ड एक सर्वगुण-संपन्न.......................है—

अ. स्प्रेडशीट प्रोग्राम

ब. वर्ड प्रोसेसर

स. प्रेजेंटेशन प्रोग्राम

द. इनमें से कोई नहीं

7. माइक्रोसॉफ्ट एक्सेल एक.......................है—

अ. स्प्रेडशीट प्रोग्राम

ब. वर्ड प्रोसेसर

स. प्रेजेंटेशन प्रोग्राम

द. इनमें से कोई नहीं

8. माइक्रोसॉफ्ट पावरपॉइंट एक लोकप्रिय.......................है—

अ. स्प्रेडशीट प्रोग्राम

ब. वर्ड प्रोसेसर

स. प्रेजेंटेशन प्रोग्राम

द. इनमें से कोई नहीं

9. माइक्रोसॉफ्ट आउटलुक एक पर्सनल इन्फॉरमेशन मैनेजर है, जिसमें निम्न भाग होते हैं—

अ. कैलेंडर

ब. टास्क मैनेजर

स. कॉण्टेक्ट मैनेजर

द. उपर्युक्त सभी

10. आर.डी.बी.एम.एस. का पूरा नाम है—

अ. रनिंग डेटा मैनिपुलेशन सिस्टम

ब. रिलेशनल डेटाबेस मैनेजमेंट सिस्टम

स. रिलेटिव डेटा मैनेजमेंट सिस्टम

द. इनमें से कोई नहीं

11. वर्ड में बनाई फाइल का एक्सटेंशन होता है—

अ. (.doc)

ब. (.xls)

स. (.ppt)

द. इनमें से कोई नहीं

12. एक्सेल में बनाई फाइल का एक्सटेंशन होता है—

अ. (.doc)

ब. (.xls)

स. (.ppt)

द. इनमें से कोई नहीं

13. पावरपॉइंट में बनाई फाइल का एक्सटेंशन होता है—

अ. (.doc)

ब. (.xls)

स. (.ppt)

द. इनमें से कोई नहीं

7 वर्ड 2003 में कार्य

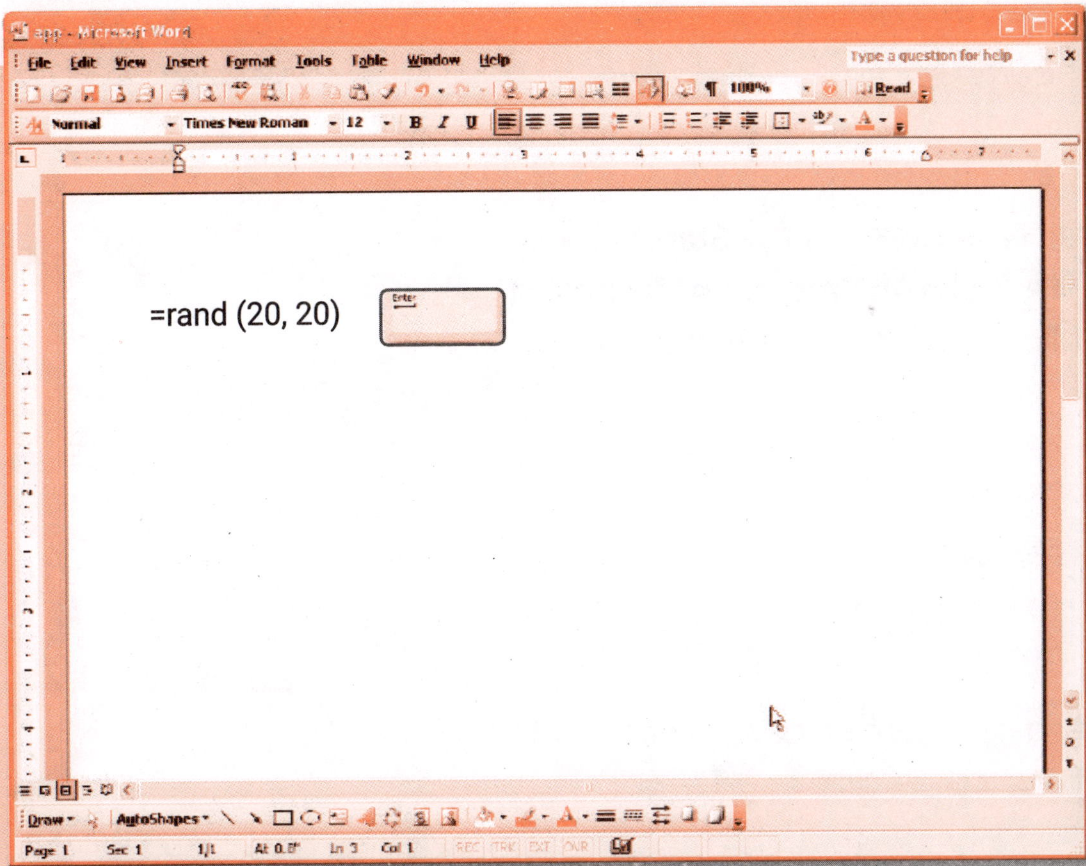

पिछले अध्याय में आपने माइक्रोसॉफ्ट ऑफिस वर्ड एप्लीकेशन प्रोग्राम के बारे में जाना। आइए, अब माइक्रोसॉफ्ट वर्ड का विस्तृत ज्ञान प्राप्त करके उसमें अपनी फाइल बनाकर कार्य करना सीखें।

वर्ड में कार्य करना

नए डॉक्यूमेंट में काम करने या पहले बने डॉक्यूमेंट में आगे काम करने के लिए पहले आपको वर्ड विंडो खोलनी होती है। यह कार्य कई प्रकार से किया जाता है।

प्रथम विधि

Start बटन पर क्लिक करिए। **Start** मेन्यू में वर्ड के आइकन को ढूँढ़िए। यदि आइकन है तो उस पर क्लिक करके वर्ड को खोलिए।

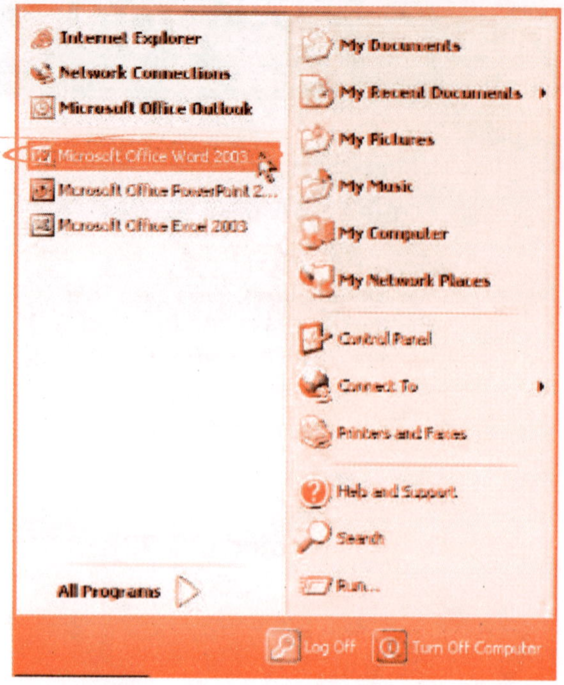

द्वितीय विधि

यदि एम.एस. वर्ड का आइकन नहीं है तो **Start** मेन्यू से उसे खोलने के लिए **Start>All Programs>Miscrosoft Office>Microsoft Office Word 2003** पर क्लिक करिए।

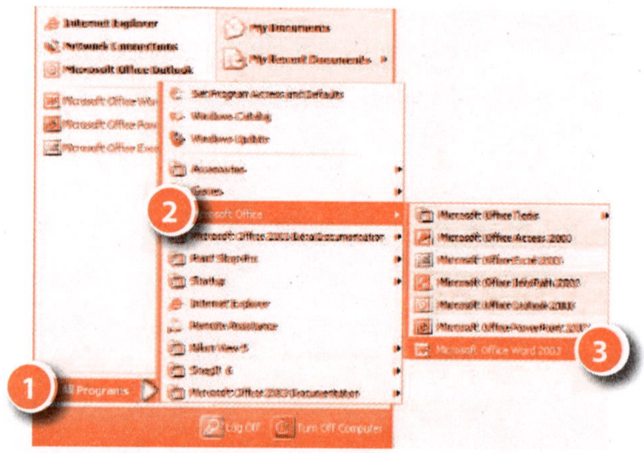

तृतीय विधि

यदि आपके डेस्कटॉप पर वर्ड का शॉर्टकट आइकन है तो उस पर डबल क्लिक करके वर्ड खोल सकते हैं।

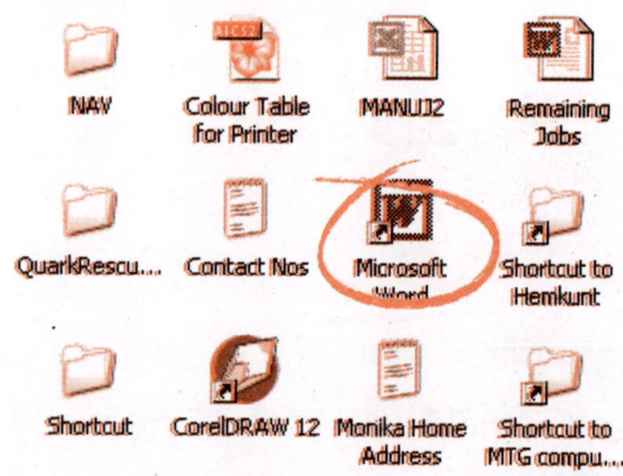

चतुर्थ विधि

यदि आपके सिस्टम में क्विक लॉन्च टूलबार में **Start** बटन के दाहिनी ओर वर्ड का आइकन है तो उस पर क्लिक करके प्रोग्राम खोल सकते हैं।

आप वर्ड डॉक्यूमेंट आइकन पर कहीं भी, जैसे—विंडोज डेस्कटॉप, विंडोज एक्सप्लोरर, रीसेंट डॉक्यूमेंट आदि में डबल क्लिक करके वर्ड डॉक्यूमेंट खोल सकते हैं।

एम.एस. वर्ड विंडो

नीचे दिखाया गया स्क्रीन शॉट वर्ड की पहली विंडो है, जो माइक्रोसॉफ्ट वर्ड खुलने के बाद आपको दिखाई देगी। वर्ड विंडो के प्रमुख भाग लेबल करके दिखाए गए हैं।

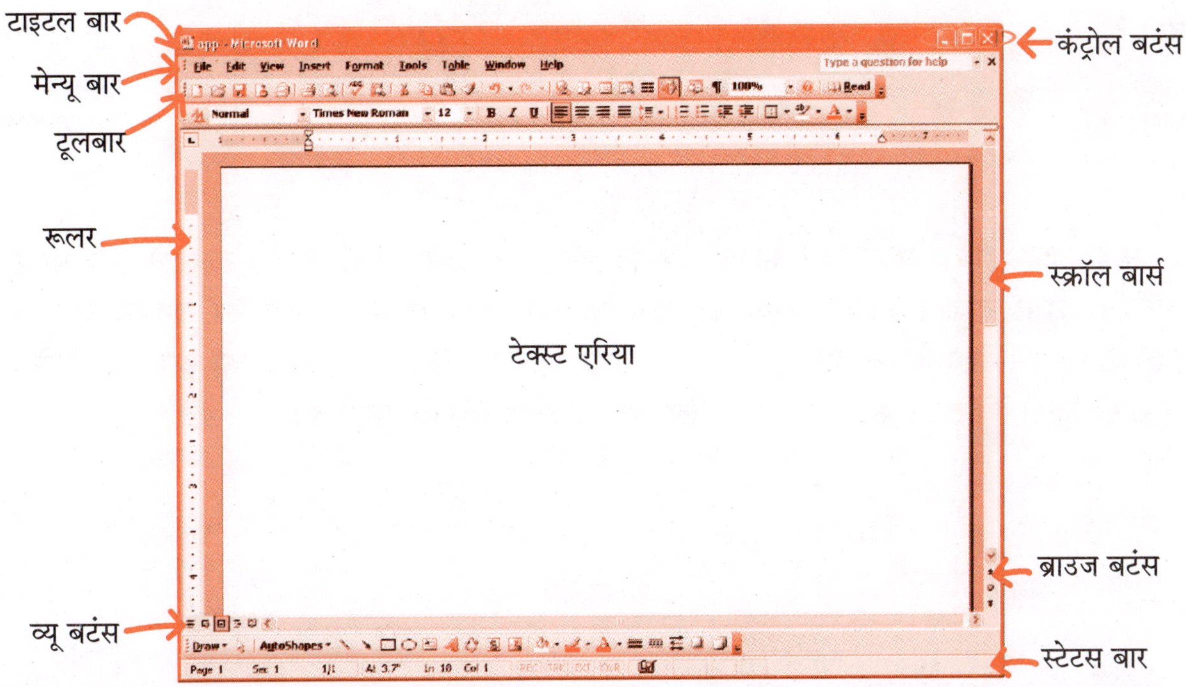

पिछली कक्षा में पेंट अथवा किसी अन्य विंडो के ये सामान्य गुण या एलीमेंट्स बताए जा चुके हैं। इनमें से अधिकांश एलीमेंट्स के कार्य एक जैसे ही होते हैं। वर्ड 2003 के संदर्भ में इन एलीमेंट्स का संक्षिप्त विवरण नीचे दिया जा रहा है—

टाइटल बार

किसी भी विंडोज एप्लीकेशन की टाइटल बार एप्लीकेशन का नाम दिखाती है। जैसे यहाँ माइक्रोसॉफ्ट वर्ड दिखाया जा रहा है। यह वर्तमान खुले डॉक्यूमेंट का नाम भी दिखाती है, जैसे यहाँ डॉक्यूमेंट 1 दिखाया गया है।

मेन्यू बार

मेन्यू बार में पुल डाउन मेन्यू का एक समूह होता है, जिसे आप कमांड देने के लिए प्रयोग करते हैं।

टूलबार्स

टूलबार में बटन होते हैं, जिन्हें क्लिक करके कमांड दी जाती है। वर्ड में कई टूलबार होते हैं, जिन्हें आप चुनकर प्रदर्शित या गुप्त कर सकते हैं। सबसे अधिक प्रयोग होनेवाले टूलबार को स्टैंडर्ड टूलबार कहते हैं और यह स्वत: खुली रहती है।

रूलर्स

वर्टिकल (खड़ा) और होरिजोंटल रूलर्स आपको यह दिखाते हैं कि टेक्स्ट कहाँ पर है। रूलर के सिरे पर शेडेड सेक्शन मार्जिन एरिया दिखाता है। रूलर्स का प्रयोग करके आप कुछ फॉरमेटिंग जैसे टैब, इनडेंट और मार्जिन आदि बदल सकते हैं। आप केवल होरिजोंटल रूलर भी प्रदर्शित कर सकते हैं। रूलर को हाइड करने के लिए View>Ruler चुनते हैं। रूलर को शो करने के लिए पुन: View>Ruler चुनते हैं।

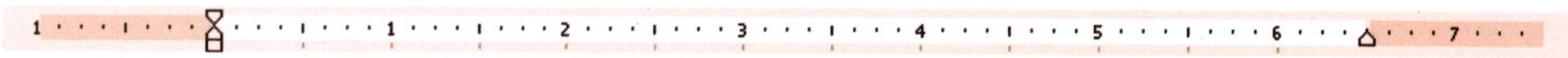

टेक्स्ट एरिया

यह वह एरिया है, जहाँ आप अपना टेक्स्ट टाइप करते हैं।

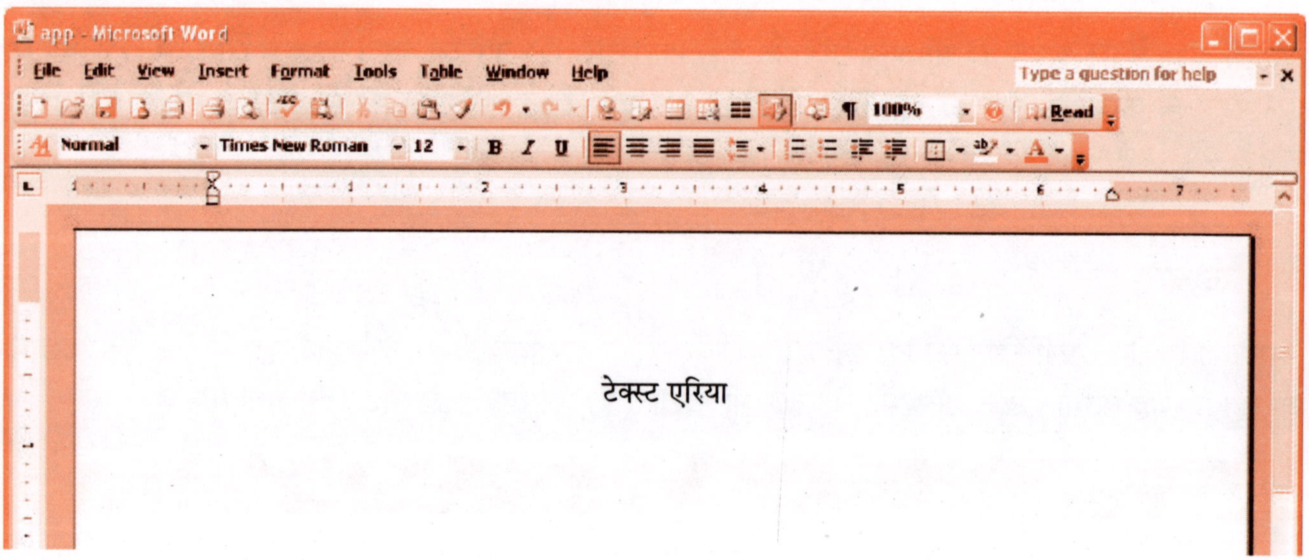

व्यू बटंस

व्यू बटंस को आप व्यू बदलने के लिए प्रयोग करते हैं। आप नॉर्मल, वेब लेआउट, प्रिंट लेआउट और आउटलाइन व्यू में बदल सकते हैं। डिफाल्ट व्यू प्रिंट लेआउट व्यू होता है। यह व्यू दिखाता है कि डॉक्यूमेंट प्रिंट होने पर कैसा दिखेगा।

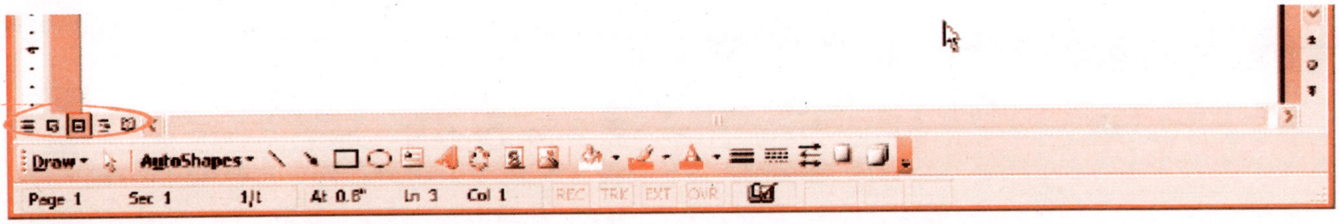

स्टेटस बार

स्टेटस बार आपको डॉक्यूमेंट की वर्तमान स्थिति दिखाता है। बायाँ भाग वर्तमान पेज नंबर और कुल पेजों की संख्या दिखाता है। मध्य भाग कर्सर की स्थिति दिखाता है और दाहिना भाग यह दिखाता है कि कोई विशेष फीचर ऑन है अथवा नहीं।

स्क्रोल टूलबार्स

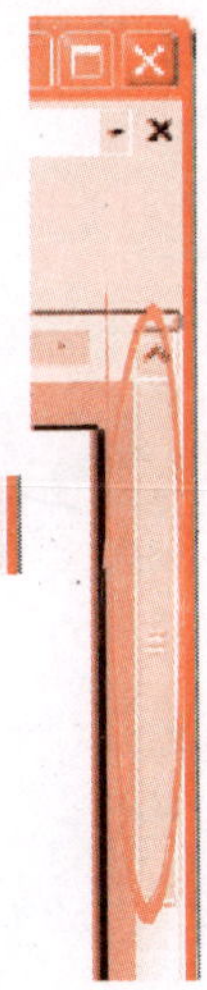

वर्टिकल और होरिजोंटल स्क्रोल टूलबार्स डॉक्यूमेंट के विभिन्न भागों को आपके सामने लाने में सहायता करती है।

कंट्रोल बटंस

ये बटन वर्ड विंडो को मिनिमाइज, मैक्सिमाइज, रीस्टोर और क्लोज करने में सहायता करते हैं।

ब्राउज बटंस

इन बटनों का प्रयोग करके आप डॉक्यूमेंट को जल्दी-जल्दी देख सकते हैं।

वर्ड में डॉक्यूमेंट्स को खोलना और सुरक्षित करना

वर्ड में नए डॉक्यूमेंट को खोलना

वर्ड में नया डॉक्यूमेंट बनाने के लिए **File>New** को चुनते हैं अथवा **Ctrl+N** दबाते हैं।

अथवा

स्टैंडर्ड टूलबार पर **New Blank Document** बटन  पर क्लिक करते हैं।

वर्ड में डॉक्यूमेंट को सेव करना

यदि आप वर्ड में डॉक्यूमेंट को सेव करना चाहते हैं तो **File>Save** को चुनते हैं अथवा **Ctrl+S** दबाते हैं। इस तरह Save As डायलॉग बॉक्स खुल जाता है। File Name बॉक्स में एक अच्छा नाम लिखिए। कृपया Save As Type बॉक्स पर ध्यान दें। इसमें Word Document दिखाई देता है। इसके सामने त्रिकोण पर क्लिक करिए और दूसरे उपलब्ध विकल्प देखिए।

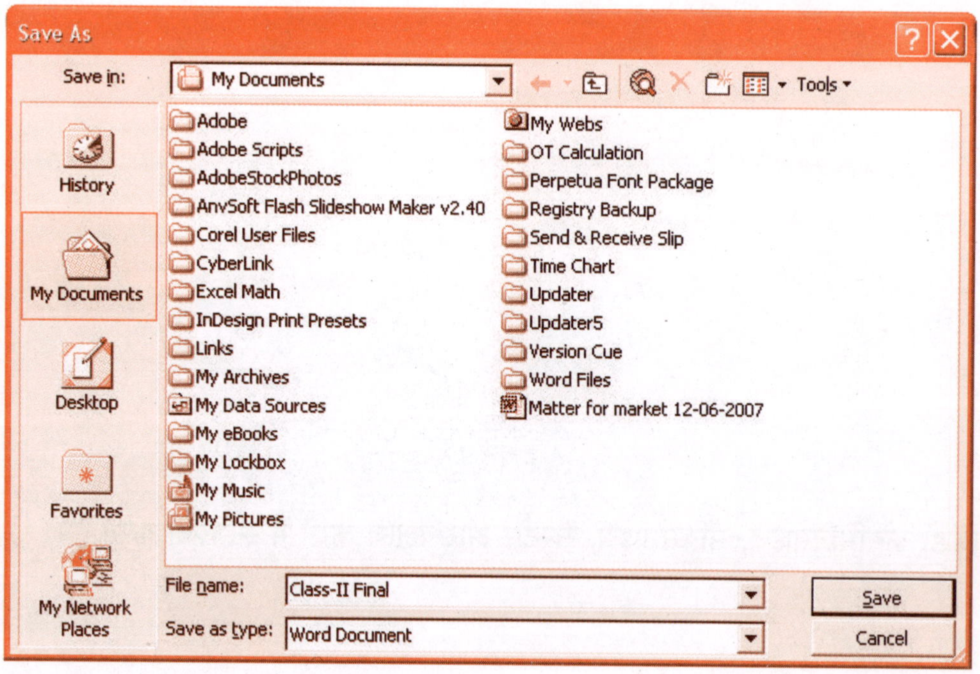

अथवा

स्टैंडर्ड टूलबार में Save बटन पर क्लिक करिए।

नोट

यदि डॉक्यूमेंट पहले कभी सेव नहीं हुआ है अथवा आपने save की जगह save as चुना है तो आपसे डॉक्यूमेंट का एक नया नाम पूछा जाएगा। इसके बाद आप जब भी डॉक्यूमेंट को सेव करेंगे, वह बिना कुछ पूछे सेव हो जाएगा।

डॉक्यूमेंट को बंद करना और वर्ड से बाहर आना

यदि आप वर्ड में खुले सभी डॉक्यूमेंट बंद करके वर्ड से बाहर निकलना चाहते हैं तो **File>Exit** को चुनते हैं। जैसे ही वर्ड डॉक्यूमेंट को बंद करता है, वह बिना सेव डॉक्यूमेंट को सेव करने के लिए पूछता है और रुक जाता है।

अथवा

विंडो के ऊपरी दाहिने कोने में क्लोज बटन पर क्लिक करिए। यदि आपके डॉक्यूमेंट में बिना सेव किया हुआ डेटा है तो उसे सेव करने के लिए कहा जाएगा।

यदि आप डॉक्यूमेंट को बंद करना चाहते हैं और वर्ड को खोले रखना चाहते हैं तो—

- **File>Close** चुनिए।
- क्लोज विंडो बटन पर क्लिक करिए। (वर्ड विंडो के ऊपरी दाहिने कोने में काले रंग का क्रॉस (×) क्लोज बटन होता है)

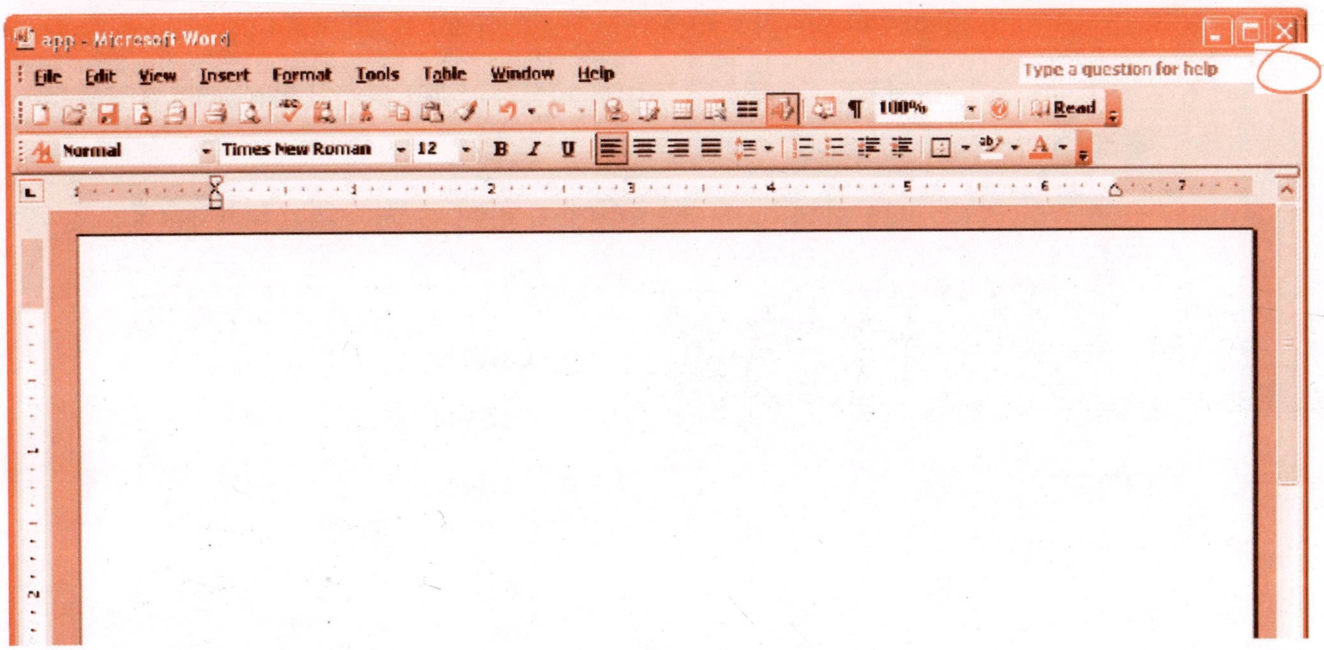

याद करें

विंडोज में एक काम को करने के कई तरीके होते हैं। काम को करने की मनचाही विधि आप जल्दी ही सीख लेंगे।

माइक्रोसॉफ्ट वर्ड को Start मेन्यू से खोला जा सकता है। इसके अतिरिक्त डेस्कटॉप पर शॉर्टकट से या क्विक लॉन्च बार से अथवा किसी वर्ड डॉक्यूमेंट को डबल क्लिक करके खोला जा सकता है।

वर्ड फाइल का एक्सटेंशन .doc होता है।

अभ्यास

(अ) शब्दों की सहायता से रिक्त स्थान भरें—

नेवीगेशन टेक्स्ट एरिया प्रोग्राम मेन्यू मेन्यू बार टूलबार्स होरिजोंटल वर्टिकल व्यू प्रिंट व्यू स्टेटस बार

1. ....सिस्टम में इंस्टॉल किए गए एप्लीकेशन के नामों की सूची दिखाता है।
2. ....में पुल डाउन मेन्यू का समूह होता है।
3. ....में बटन होते हैं, जिन पर क्लिक करके आप कमांड दे सकते हैं।
4. ....वह एरिया होता है, जिसमें आप टेक्स्ट टाइप कर सकते हैं।
5. आप ....बटनों का प्रयोग करके व्यू बदल सकते हैं। वर्ड में डिफाल्ट व्यू............ होता है।
6. ....आपको डॉक्यूमेंट की वर्तमान स्थिति के बारे में बताता है।
7. ....और.........स्क्रोल बार डॉक्यूमेंट के विभिन्न भागों को देखने के लिए सामने लाने में सहायता करता है।
8. .... बटन डॉक्यूमेंट को कई विधियों से देखने के लिए प्रयोग किए जाते हैं।

(ब) निम्न का मिलान करें—

1. सेव (शॉर्टकट)	अ. Ctrl+O
2. क्लोज बटन	ब. Ctrl+N
3. ओपन फाइल	स. Ctrl+S
4. न्यू ब्लैंक डॉक्यूमेंट	द. 
5. सेव बटन	च. 

(स) एम.एस. वर्ड में निम्न कार्य करने के लिए स्टेप्स लिखिए—

1. फाइल को खोलना
2. फाइल को सुरक्षित करना
3. फाइल को बंद करना

(द) नीचे दी गई वर्ड विंडो के किन्हीं सात भागों को पहचानिए और लेबल करिए—

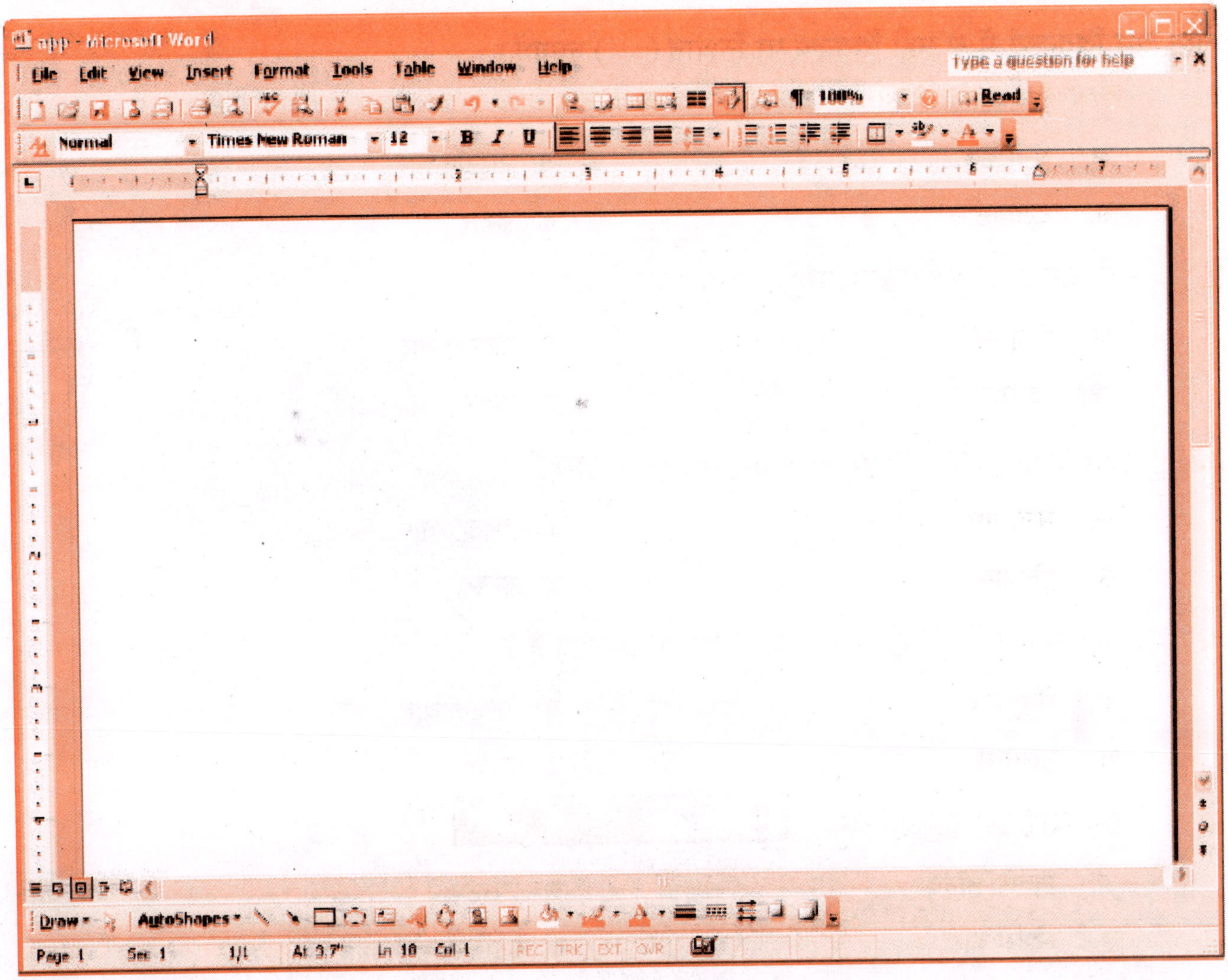

शिक्षकों से

छात्रों को उनकी पुस्तक का एक पैराग्राफ टाइप करके वर्ड डॉक्यूमेंट बनाने, सेव करने, क्लोज करने और खोलने का प्रैक्टिकल कराएँ।

बहुविकल्पीय प्रश्न

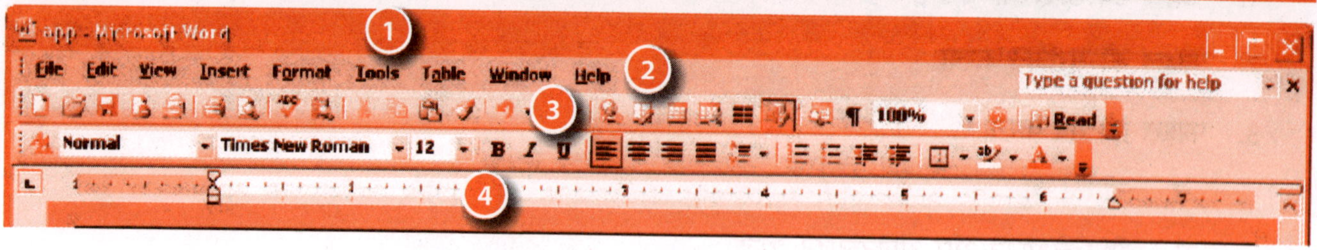

निम्न चार विकल्पों में से सही विकल्प पर निशान (✔) लगाएँ।

1. लेबल 1 द्वारा दिखाए गए भाग का क्या नाम है?

अ. मेन्यू बार   ब. टाइटल बार

स. टूलबार्स   द. रूलर

2. लेबल 2 द्वारा दिखाए गए भाग का क्या नाम है?

अ. मेन्यू बार   ब. टाइटल बार

स. टूलबार्स   द. रूलर

3. लेबल 3 द्वारा दिखाए गए भाग का क्या नाम है?

अ. मेन्यू बार   ब. टाइटल बार

स. टूलबार्स   द. रूलर

4. लेबल 4 द्वारा दिखाए गए भाग का क्या नाम है?

अ. मेन्यू बार   ब. टाइटल बार

स. टूलबार्स   द. रूलर

5. इस बार को पहचानिए— 

अ. क्विक लॉञ्च   ब. सिस्टम ट्रे

स. स्टेटस बार   द. इनमें से कोई नहीं

6. सेव का शॉर्टकट की क्या है?

अ. Shift+S   ब. Ctrl+S

स. Alt+S   द. इनमें से कोई नहीं

7. टाइटल बार में क्लोज बटन का क्या कलर है?

अ. ब्लू   ब. रेड

स. ग्रे द.   इनमें से कोई नहीं

8. यह वह एरिया है, जहाँ आप टेक्स्ट टाइप करते हैं—

अ. टेक्स्ट एरिया
ब. वर्किंग एरिया
स. ड्राइंग एरिया
द. इनमें से कोई नहीं

9. व्यू बटन का प्रयोग करके आप निम्न में जा सकते हैं—

अ. नॉर्मल व्यू
ब. वेब लेआउट
स. प्रिंट लेआउट और आउटलाइन व्यूज
द. उपर्युक्त सभी

10. इन बटनों का प्रयोग करके आप डॉक्यूमेंट को जल्दी-जल्दी देख सकते हैं—

अ. कमांड बटंस
ब. कंट्रोल बटंस
स. ब्राउज बटंस
द. इनमें से कोई नहीं

8 वर्ड 2003 में डॉक्यूमेंट्स एडिटिंग

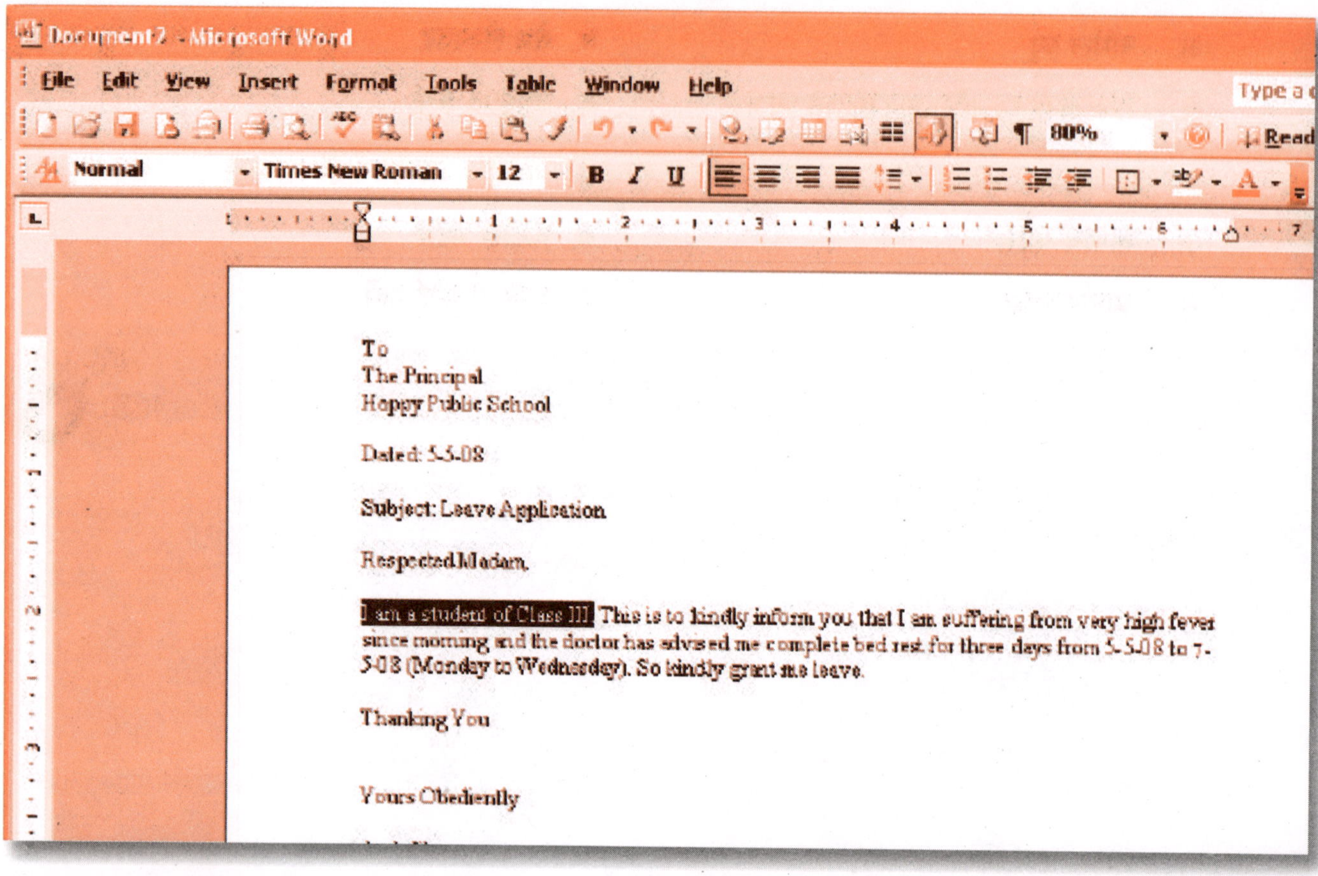

अब आप माइक्रोसॉफ्ट वर्ड में नया डॉक्यूमेंट जानते हैं। इस अध्याय में आप वर्ड में एप्लीकेशन लिखना और बैक स्पेस, डिलीट व अनडू कमांड से उसे एडिट करना सीखेंगे।

नीचे दिए गए स्टेप्स का अनुसरण करके एक फाइल बनाइए, जैसी कि दिखाई गई है।

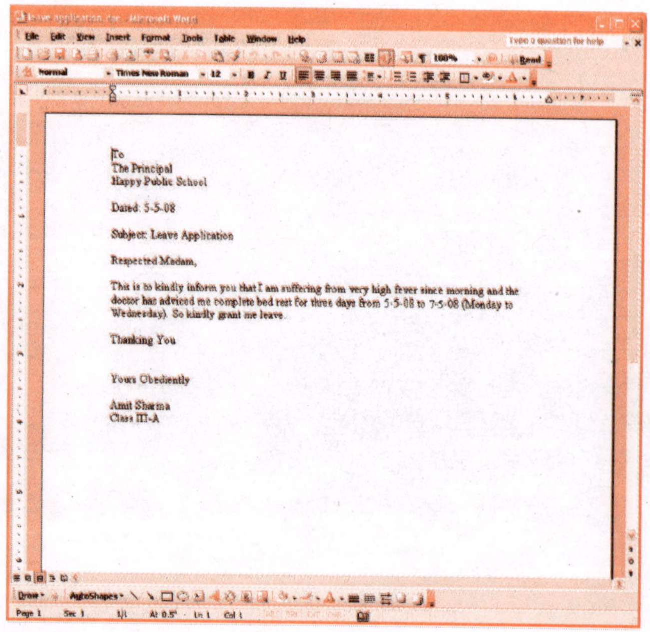

1. वर्ड खोलकर To टाइप करिए और कीबोर्ड पर **Enter** दबाकर अगली लाइन में The Principle टाइप करिए, जैसा कि नीचे दिखाया गया है।

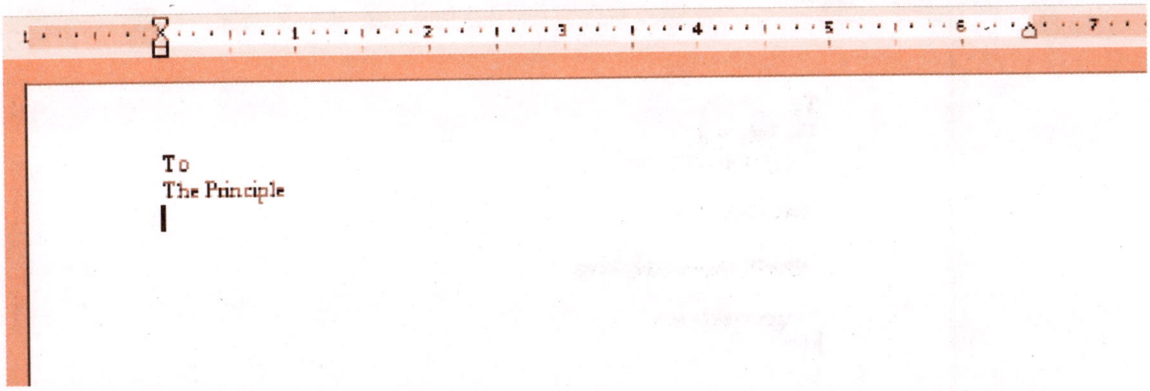

2. ध्यान दीजिए कि हमने Principal की स्पेलिंग गलत टाइप की है। यह स्पेलिंग Principle से Principal करने के लिए कर्सर को शब्द के अंत में रखिए। अब दाईं से बाईं ओर टेक्स्ट मिटाने के लिए **Back Space** की  का प्रयोग करिए।

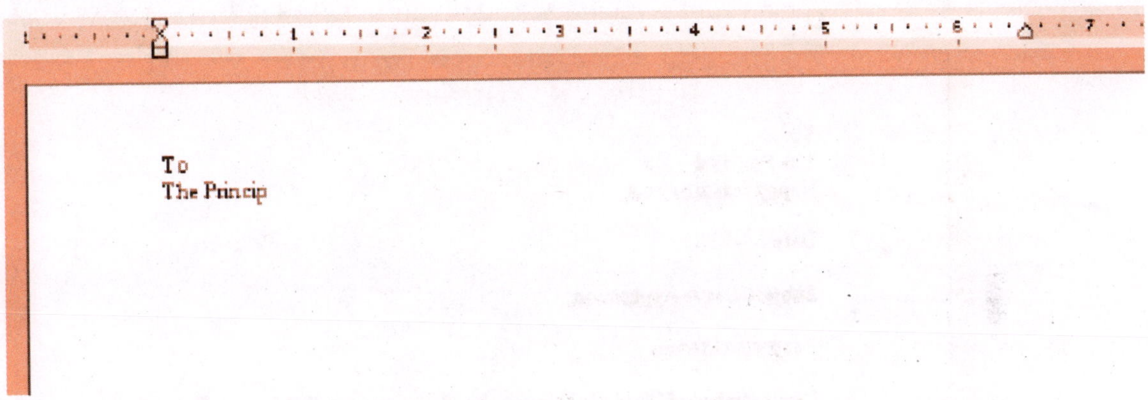

3. गलत अक्षरों को मिटाने के बाद सही अक्षर टाइप करिए—

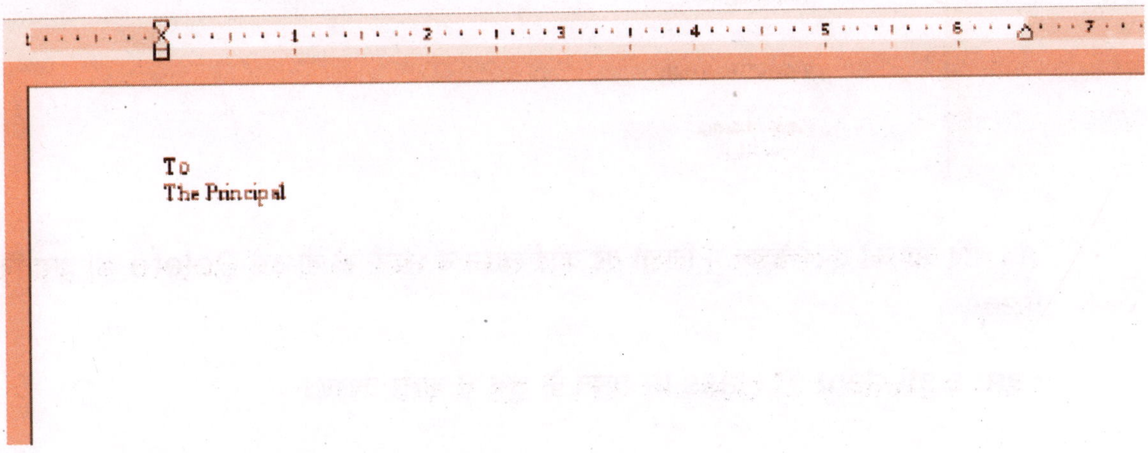

4. खाली लाइन छोड़ने के लिए कीबोर्ड पर **Enter** की दबाइए, जैसा कि आगे दिखाया गया है—

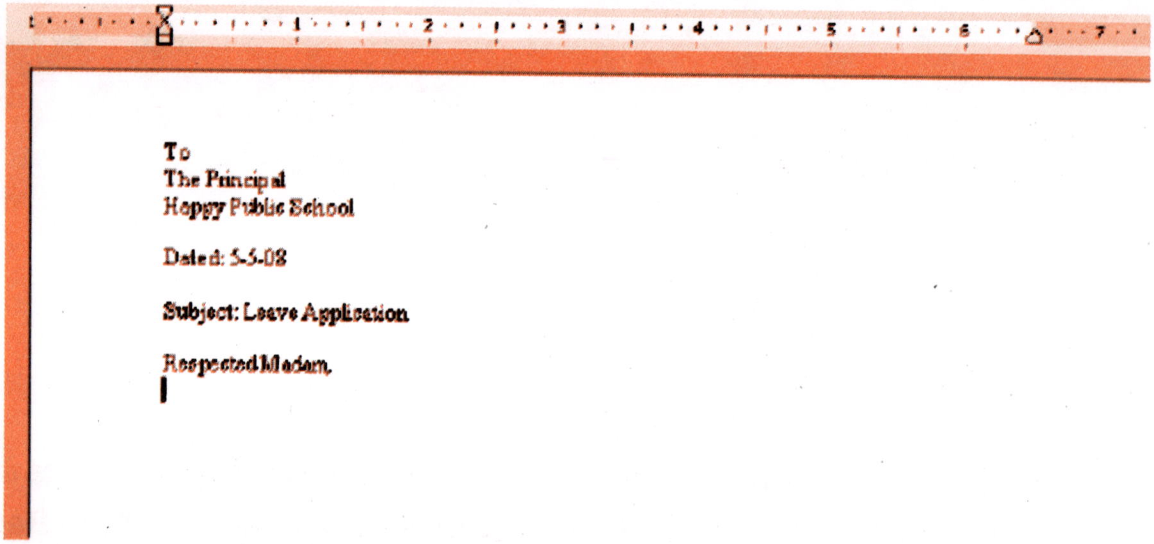

To
The Principal
Happy Public School

Dated: 5-5-08

Subject: Leave Application

Respected Madam,

5. जैसा दिखाया गया है, पूरा पत्र वैसा ही टाइप करिए।

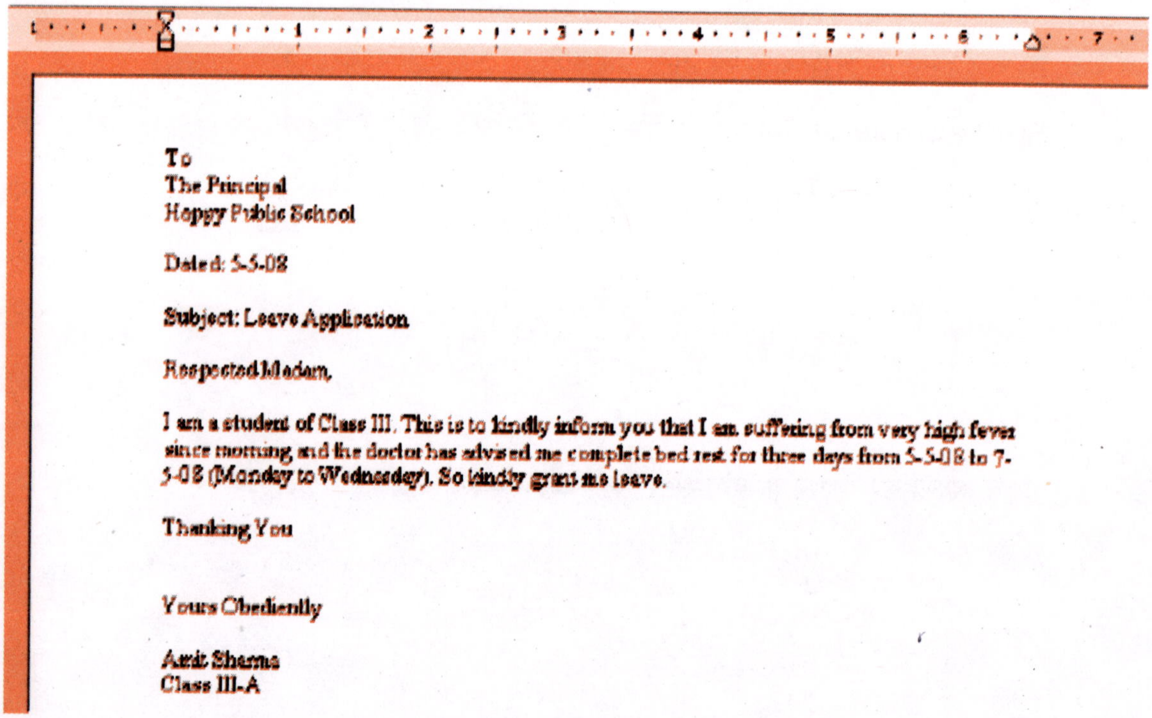

To
The Principal
Happy Public School

Dated: 5-5-08

Subject: Leave Application

Respected Madam,

I am a student of Class III. This is to kindly inform you that I am suffering from very high fever since morning and the doctor has advised me complete bed rest for three days from 5-5-08 to 7-5-08 (Monday to Wednesday). So kindly grant me leave.

Thanking You

Yours Obediently

Amit Sharma
Class III-A

अब यदि आपको एप्लीकेशन में लिखी गई कोई लाइन न रखनी हो तो उसे Delete की द्वारा निम्न प्रकार से मिटाइए—

6. I am a student of class III लाइन के शुरू में कर्सर लाइए।

लाइन को बाईं से दाईं ओर मिटाने के लिए **Delete** 

की दबाइए।

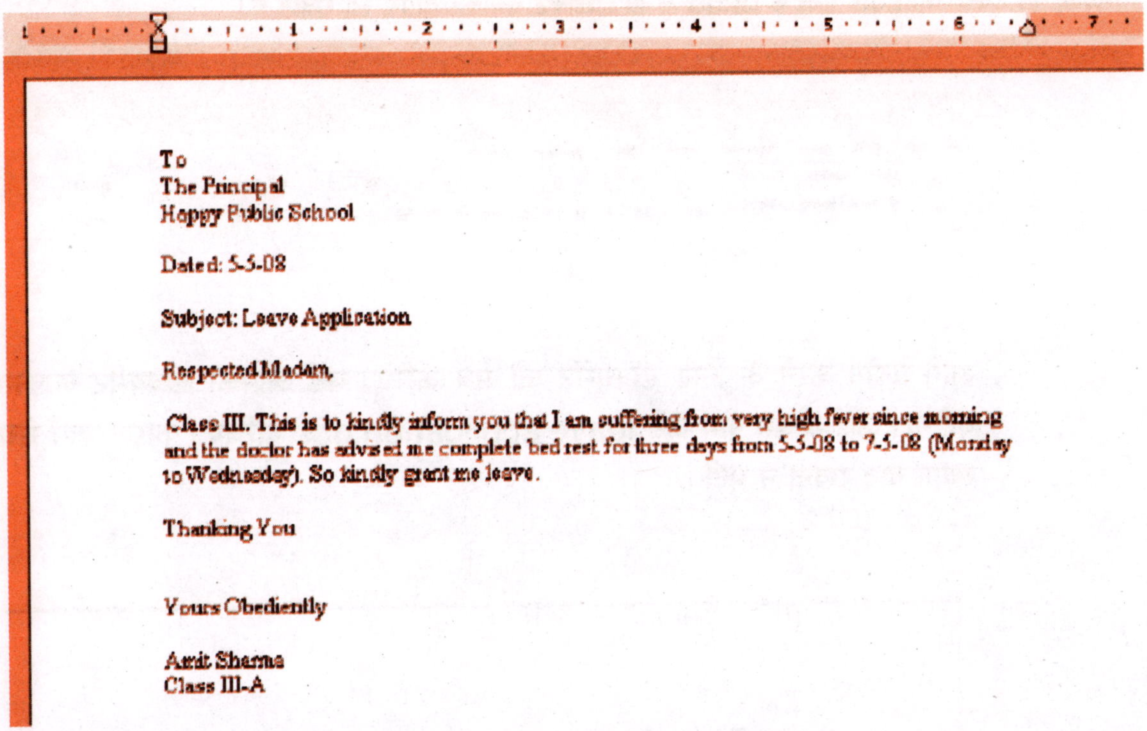
To
The Principal
Happy Public School

Dated: 5-5-08

Subject: Leave Application

Respected Madam,

Class III. This is to kindly inform you that I am suffering from very high fever since morning and the doctor has advised me complete bed rest for three days from 5-5-08 to 7-5-08 (Monday to Wednesday). So kindly grant me leave.

Thanking You

Yours Obediently

Amit Sharma
Class III-A

सिलेक्ट किए गए पूरे टेक्स्ट को निम्न प्रकार से आप एक साथ मिटा सकते हैं—

7. **Shift+Arrow** की प्रयोग करके टेक्स्ट को सिलेक्ट करिए, जैसा कि नीचे दिखाया गया है और फिर **Delete** की दबाइए।

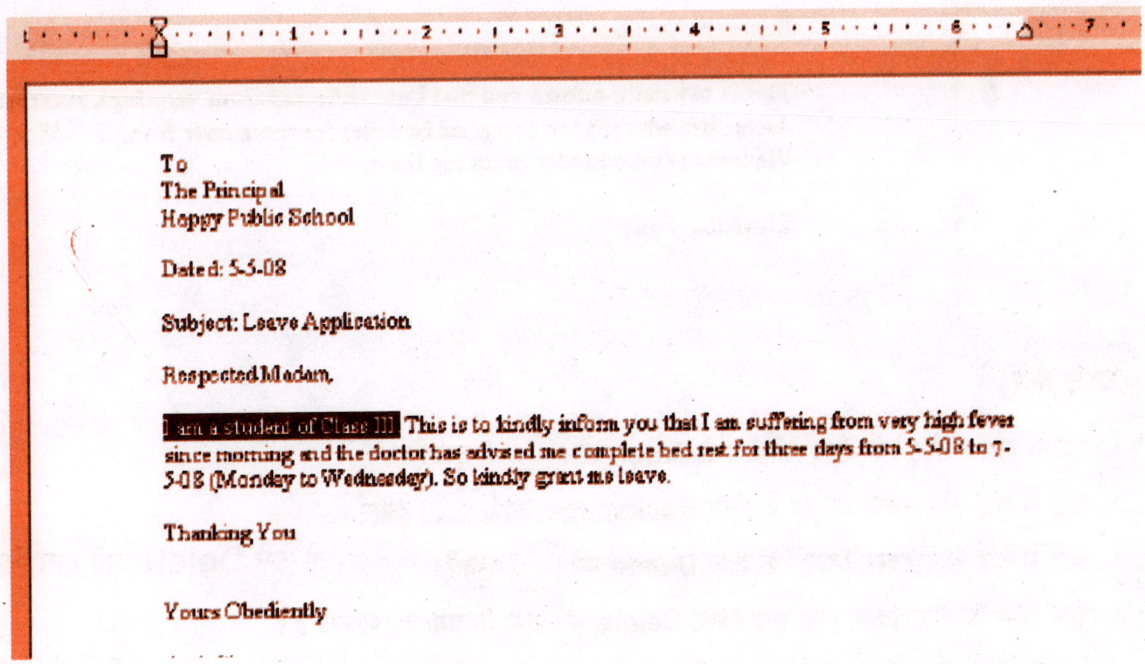
To
The Principal
Happy Public School

Dated: 5-5-08

Subject: Leave Application

Respected Madam,

I am a student of Class III. This is to kindly inform you that I am suffering from very high fever since morning and the doctor has advised me complete bed rest for three days from 5-5-08 to 7-5-08 (Monday to Wednesday). So kindly grant me leave.

Thanking You

Yours Obediently

जब आप **Delete** की दबाएँगे तो सिलेक्ट किया हुआ सारा टेक्स्ट एक बार में मिट जाएगा।

नोट

मिटाए गए टेक्स्ट को Edit मेन्यू में Undo से या Ctrl+Z दबाकर वापस ला सकते हैं।

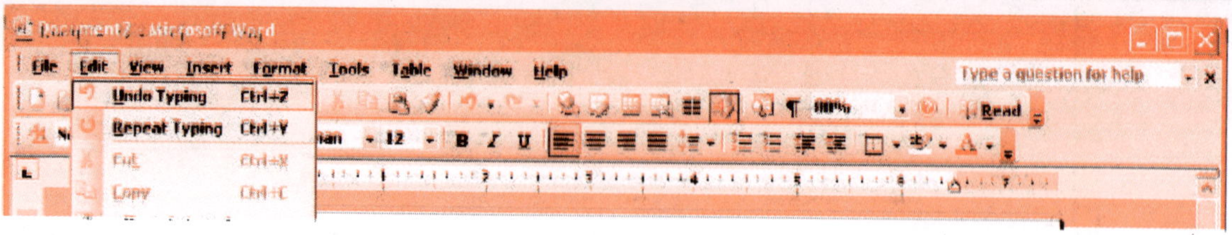

8. आगे प्रयोग करने के लिए डॉक्यूमेंट को सेव करिए। वर्ड आपको डॉक्यूमेंट का नाम देने के लिए कहेगा। कोई अच्छा नाम जैसे leave application.doc दीजिए। फाइल जहाँ सेव हो रही है वह स्थान याद रखना न भूलें।

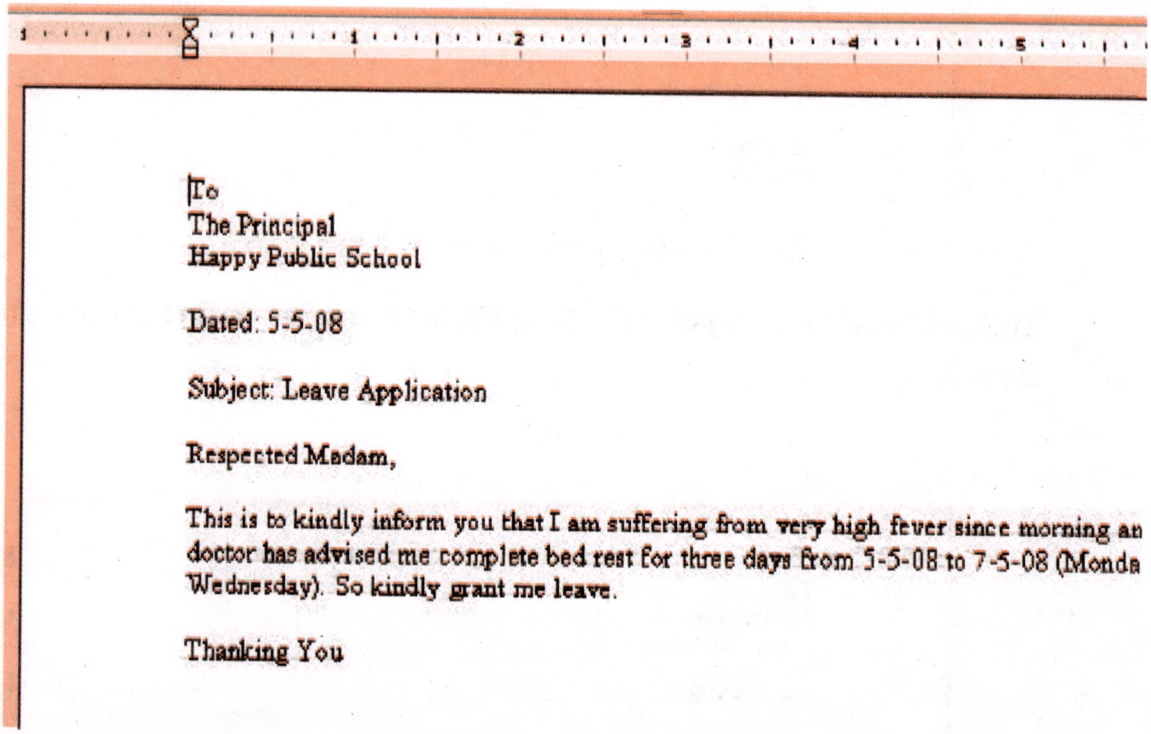

To
The Principal
Happy Public School

Dated: 5-5-08

Subject: Leave Application

Respected Madam,

This is to kindly inform you that I am suffering from very high fever since morning an
doctor has advised me complete bed rest for three days from 5-5-08 to 7-5-08 (Monda
Wednesday). So kindly grant me leave.

Thanking You

याद करें

1. खाली लाइन छोड़ने के लिए कीबोर्ड से Enter की दबाएँ।
2. दाईं से बाईं ओर टेक्स्ट मिटाने के लिए Backspace की दबाएँ।
3. बाईं से दाईं ओर टेक्स्ट मिटाने के लिए Delete की दबाएँ।
4. एक साथ सिलेक्ट किया गया पूरा टेक्स्ट Delete की द्वारा मिटाया जा सकता है।
5. डिलीट किया गया टेक्स्ट Edit>Undo या Ctrl+Z से वापस लाया जा सकता है।

अभ्यास

(अ) प्रैक्टिकल

अपनी बर्थडे पार्टी के लिए निमंत्रण-पत्र लिखिए और बैक स्पेस, डिलीट एवं अनडू कमांड का अभ्यास करिए।

(ब) नीचे दी गई की को पहचानें—

....

....

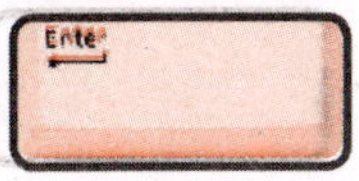
....

(स) नीचे दिए गए की कंबीनेशंस से क्या होगा?

1. Ctrl+C ....
2. Ctrl+A ....
3. Ctrl+X ....
4. Ctrl+V ....
5. Shift+Arrow Keys ....
6. Ctrl+Z ....
7. Ctrl+S ....
8. Ctrl+N ....
9. Ctrl+O ....

शिक्षकों से

छात्रों को बैकस्पेस और डिलीट कमांड में अंतर समझाने के लिए कुछ और अभ्यास कराइए।

बहुविकल्पीय प्रश्न

निम्न चार विकल्पों में से सही विकल्प पर निशान (✔) लगाएँ।

1. टेक्स्ट को दाईं से बाईं ओर मिटाने के लिए .... का प्रयोग करते हैं।

अ. एंटर की | ब. बैकस्पेस की

स. शिफ्ट की | द. डिलीट की

2. अपने डॉक्यूमेंट में खाली लाइनें देने के लिए कीबोर्ड पर .... दबाते हैं।

अ. एंटर की | ब. बैकस्पेस की

स. शिफ्ट की | द. डिलीट की

3. टेक्स्ट को बाईं से दाईं ओर मिटाने के लिए .... का प्रयोग करते हैं।

अ. एंटर की | ब. बैकस्पेस की

स. शिफ्ट की | द. डिलीट की

4. डॉक्यूमेंट में कुछ या पूरा टेक्स्ट सिलेक्ट करने के लिए .... दबाते हैं।

अ. Ctrl+Arrow keys | ब. Shift+Arrow keys

स. Alt+Arrow keys | द. इनमें से कोई नहीं

5. मिटाए गए टेक्स्ट को वापस लाने के लिए हम इसका प्रयोग करते हैं।

अ. Edit menu > Undo | ब. Ctrl+Z

स. अ और ब दोनों | द. इनमें से कोई नहीं

9 डॉक्यूमेंट्स की फॉरमेटिंग

वर्ड 2003 में डॉक्यूमेंट्स की फॉरमैटिंग

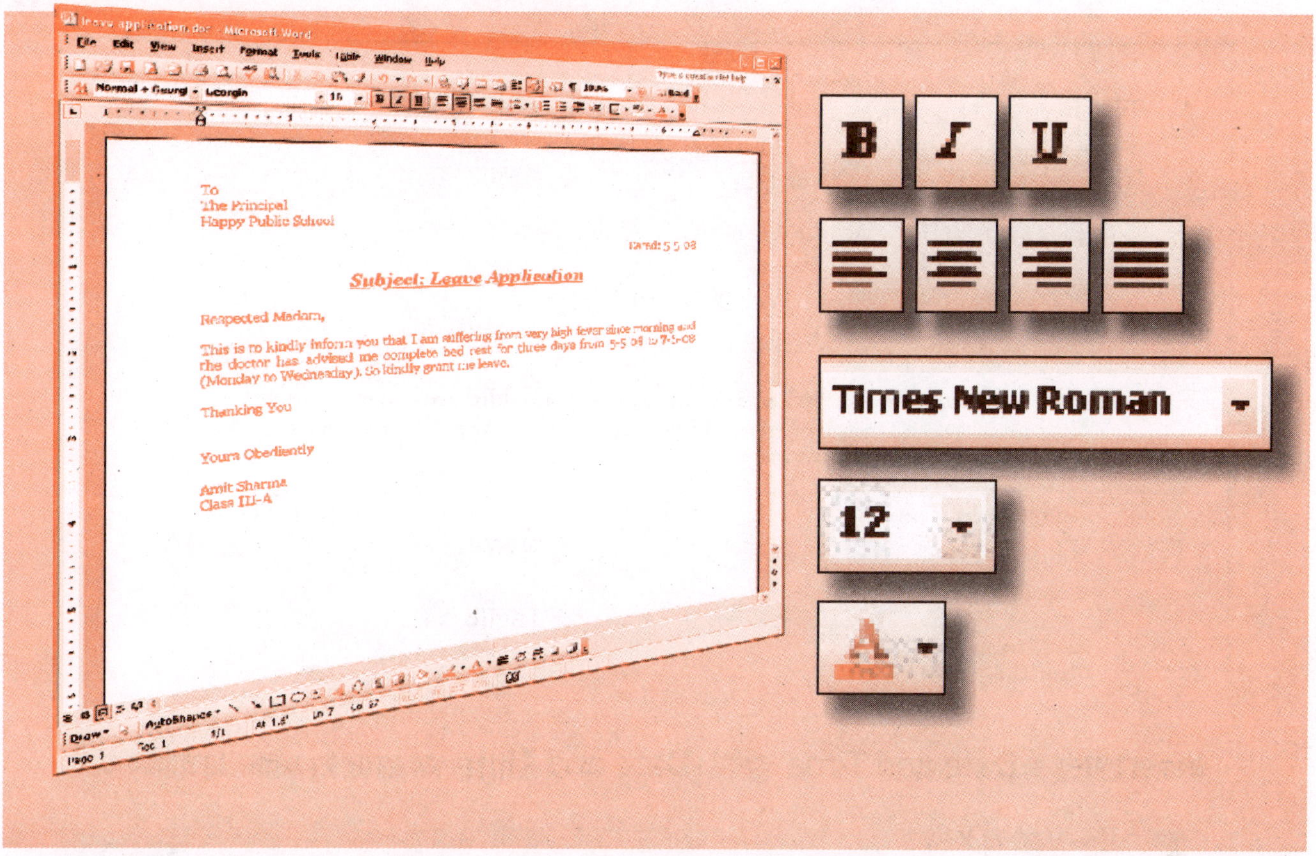

आप माइक्रोसॉफ्ट वर्ड में बने डॉक्यूमेंट को खोलना सीख चुके हैं। इस अध्याय में आप वर्ड डॉक्यूमेंट की फॉरमेटिंग सीखेंगे। इसके लिए आप पहले बनाई गई छुट्टी की एप्लीकेशन का प्रयोग करेंगे।

1. File मेन्यू में Open चुनकर या स्टैंडर्ड टूलबार में Open आइकंस पर क्लिक करके पिछले अध्याय में बनाई गई leave application.doc  को खोलेंगे।

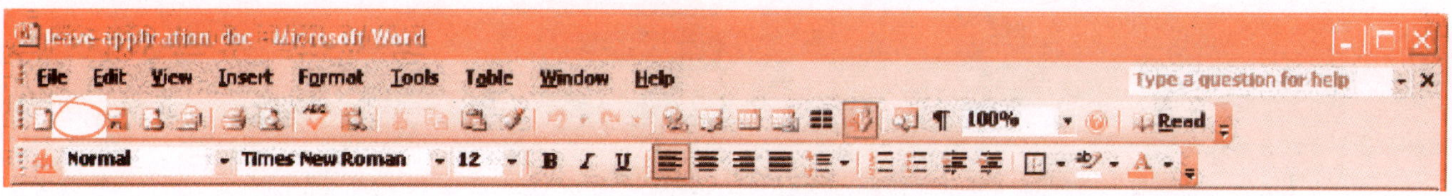

2. डेट को हटाइए।

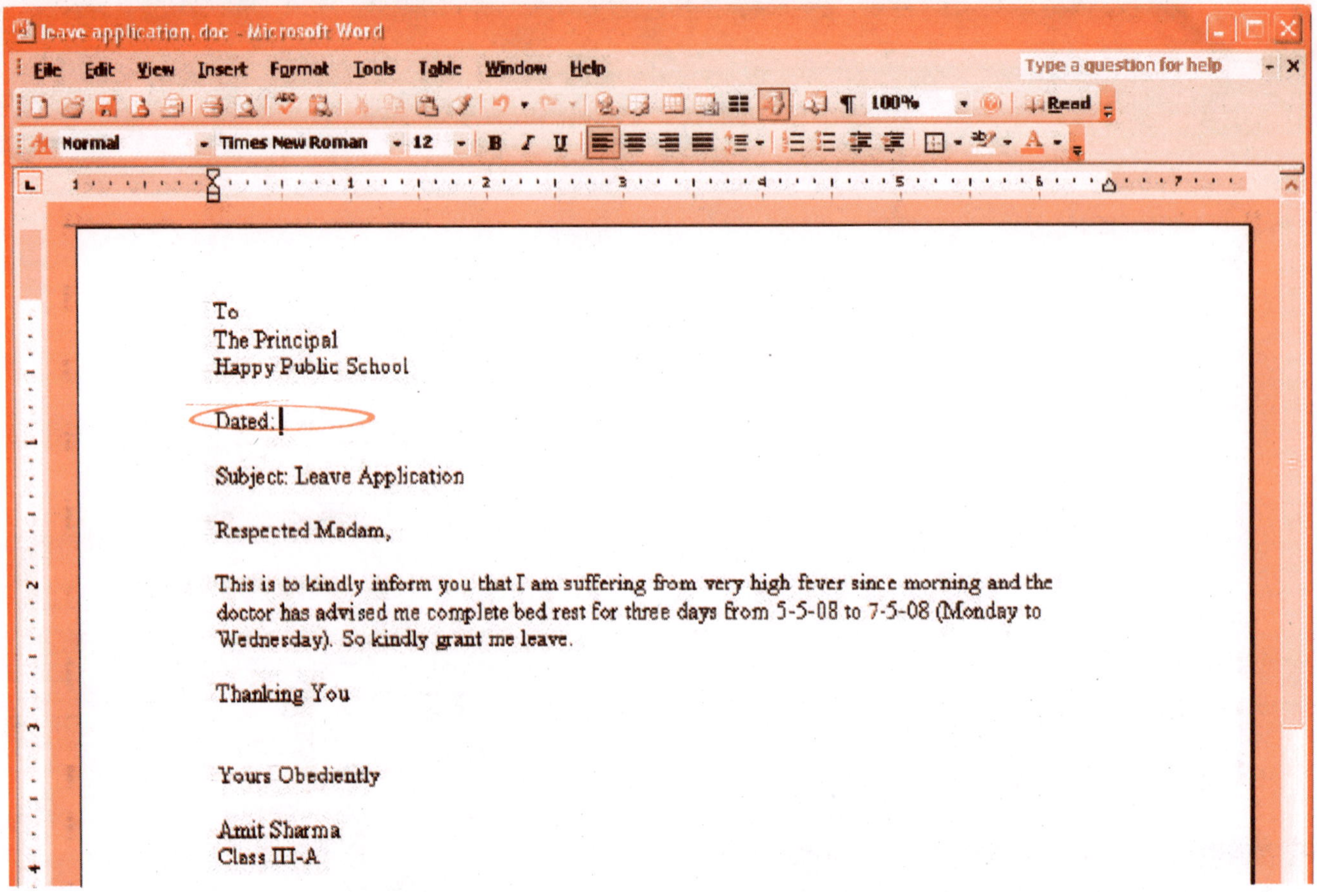

3. Insert मेन्यू से Date and Time चुनिए। Date and Time का डायलॉग बॉक्स खुल जाएगा।

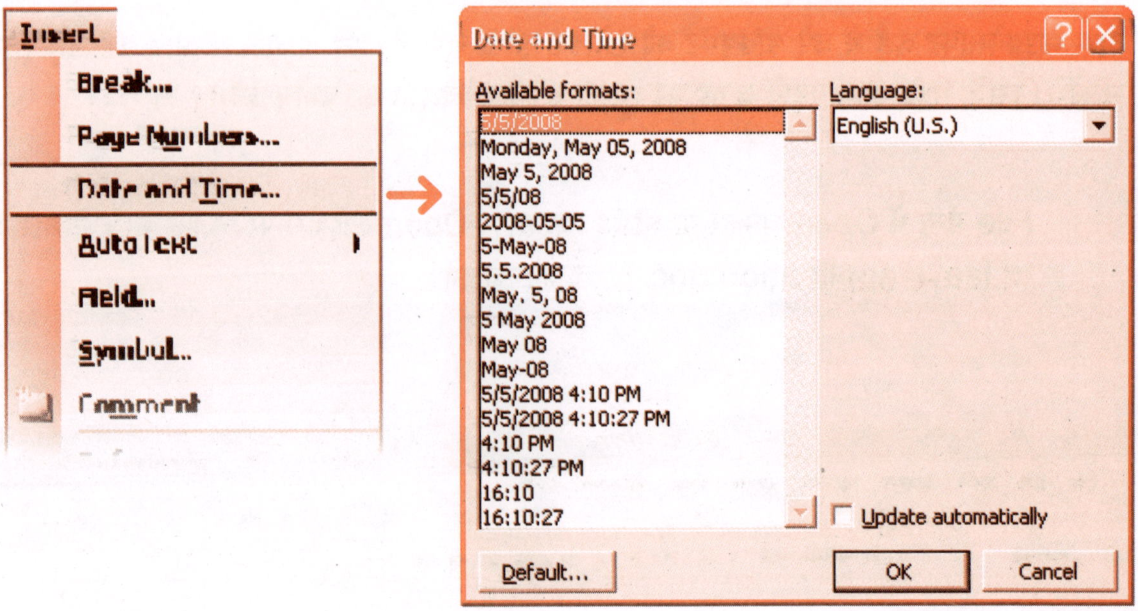

4. Date and Time डायलॉग बॉक्स से मनचाहे फॉरमेट में डेट चुनिए और फिर OK बटन पर क्लिक करिए।

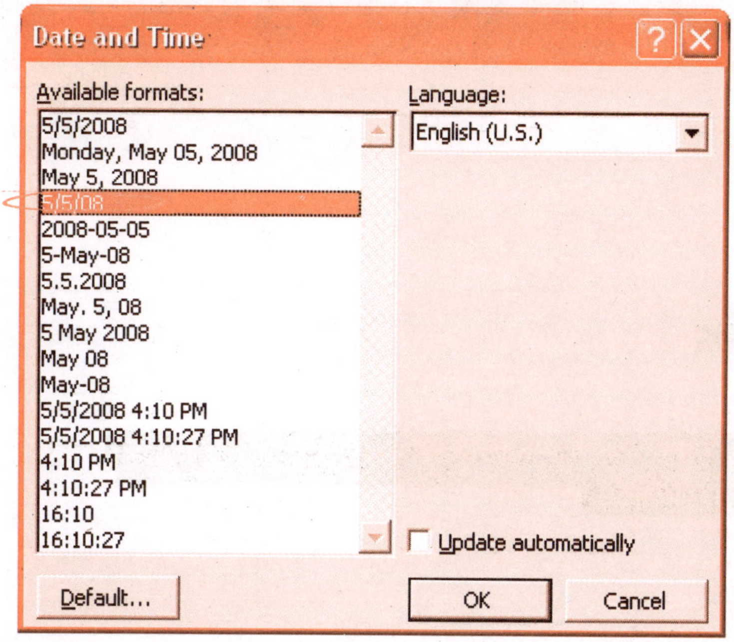

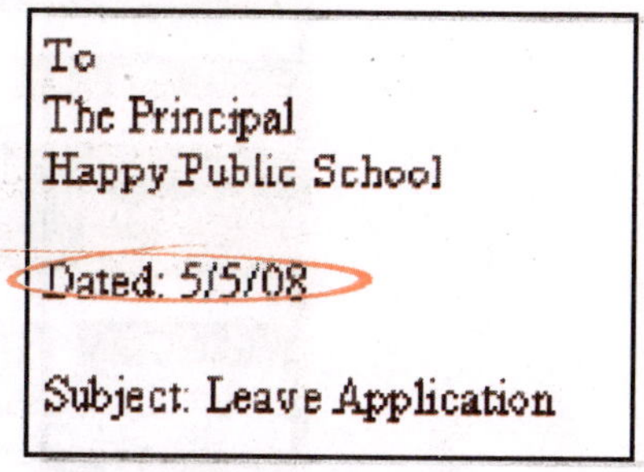

5. आपके डॉक्यूमेंट में डेट आ जाएगी।

पूरे डॉक्यूमेंट में फॉण्ट बदलने के लिए निम्न कार्य करें—

1. **Shift + Arrow** की दबाकर पूरे डॉक्यूमेंट को सिलेक्ट करिए। आप कीबोर्ड से **Control + A** दबाकर शॉर्टकट का प्रयोग कर सकते हैं।

अतिरिक्त जानकारी : Shift की

कीबोर्ड पर Shift की माउस या Arrow की के साथ प्रयोग करके टेक्स्ट को सिलेक्ट करते हैं। टेक्स्ट को जहाँ सिलेक्ट करना शुरू करते हैं वहाँ कर्सर ले जाने के लिए माउस से क्लिक करते हैं या Arrow की का प्रयोग करते हैं। इसके बाद Shift की दबाकर रखते हैं। जहाँ तक टेक्स्ट को सिलेक्ट करना है वहाँ जाकर माउस से क्लिक करते हैं। इन दो बिंदुओं के बीच का टेक्स्ट रिवर्स कलर में सिलेक्ट किया हुआ दिखाई देगा।

टिप : माउस से क्विक सिलेक्शन

आप माउस के क्लिक द्वारा भी टेक्स्ट को तीव्र गति से सिलेक्ट कर सकते हैं। एक शब्द को चुनने के लिए माउस से उस पर डबल क्लिक करते हैं। एक पूरा पैराग्राफ चुनने के लिए माउस से उस पर ट्रिपल (तीन बार) क्लिक करते हैं। माउस से लाइन के लेफ्ट मार्जिन एरिया में क्लिक करके एक पूरी लाइन को शुरू से अंत तक चुन सकते हैं। सिलेक्शन बढ़ाने के लिए माउस को ड्रैग कर सकते हैं।

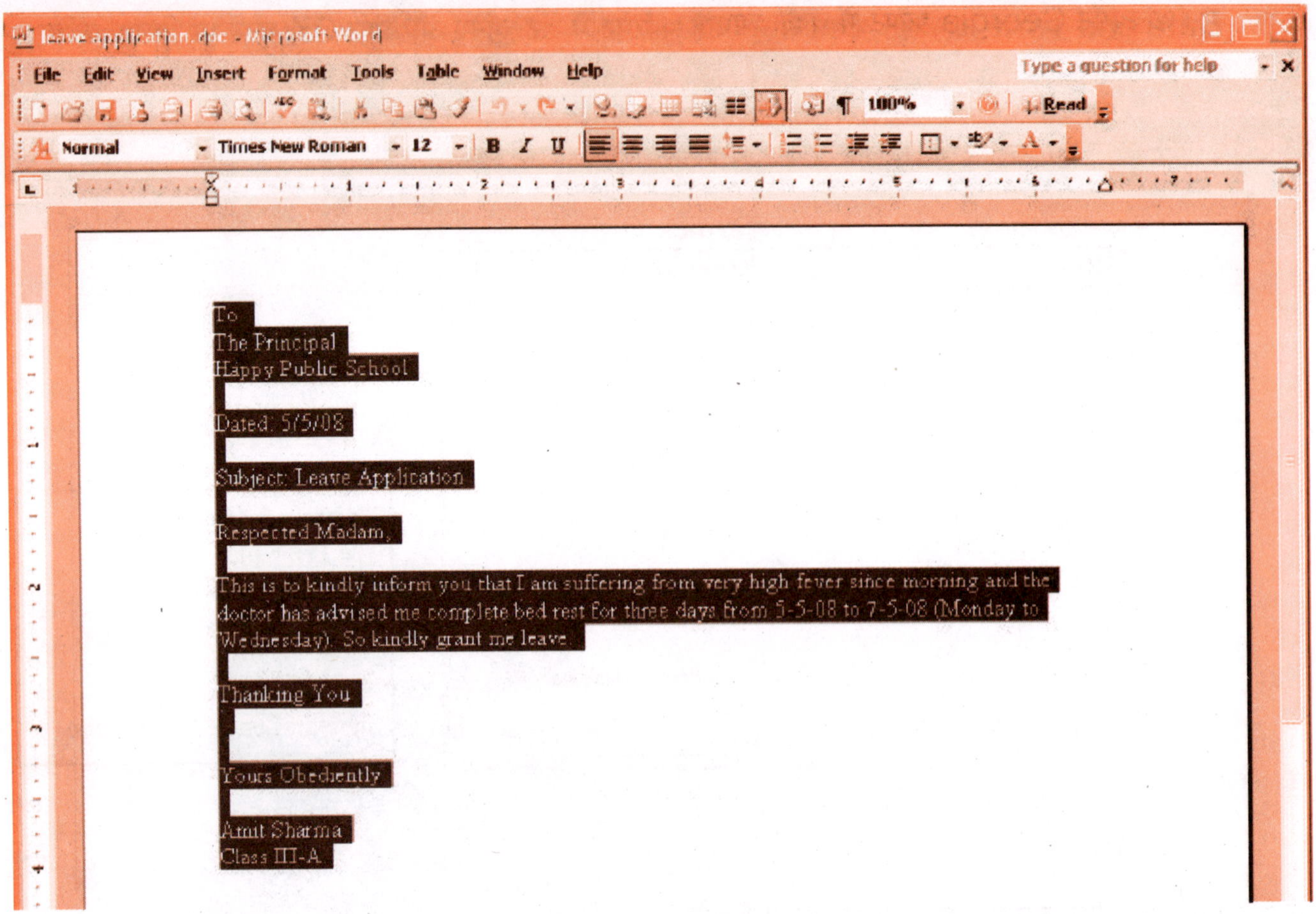

2. Formatting Toolbar से Font Box में Georgia फॉण्ट चुनते हैं।

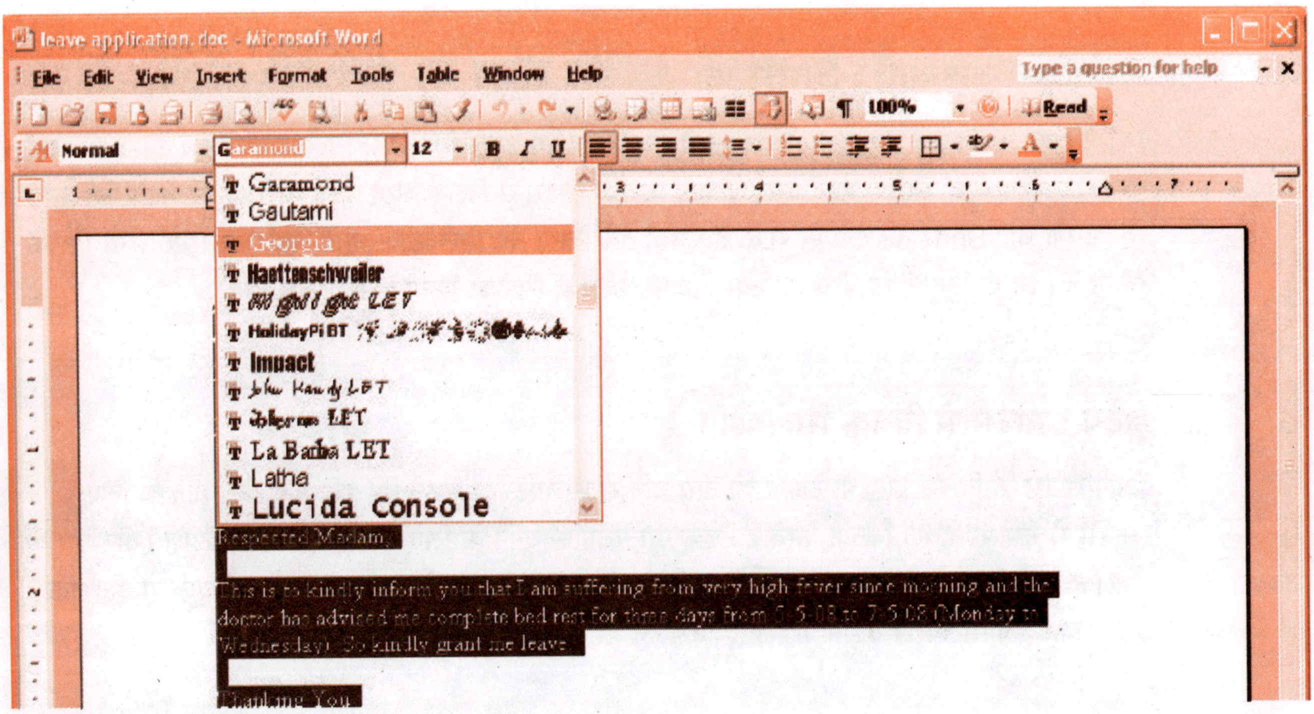

पूरा डॉक्यूमेंट Georgia फॉण्ट में बदल जाएगा।

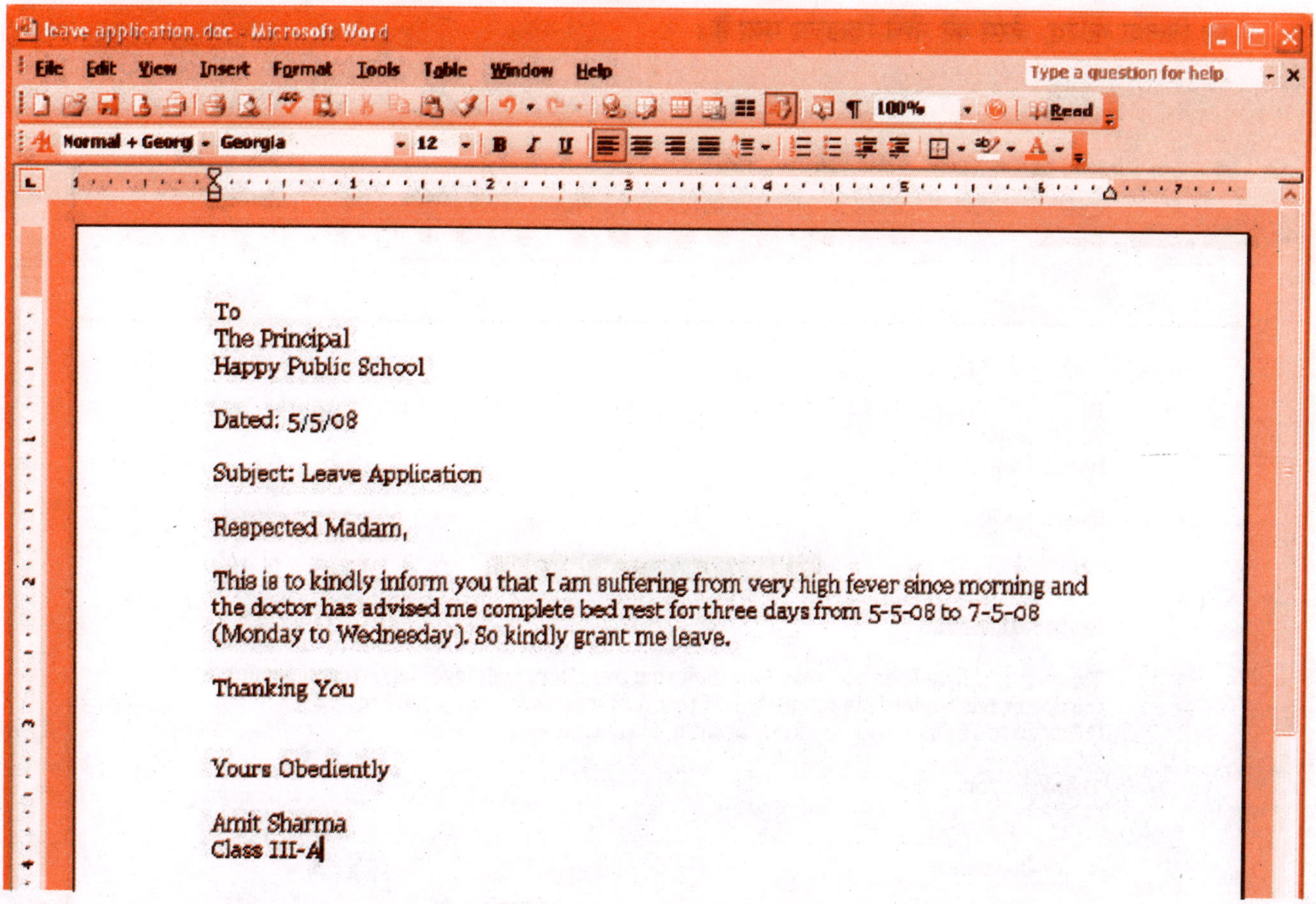

3. शिफ्ट **Shift + Arrow** को दबाकर Subject को चुनिए, जैसा कि दिखाया गया है।

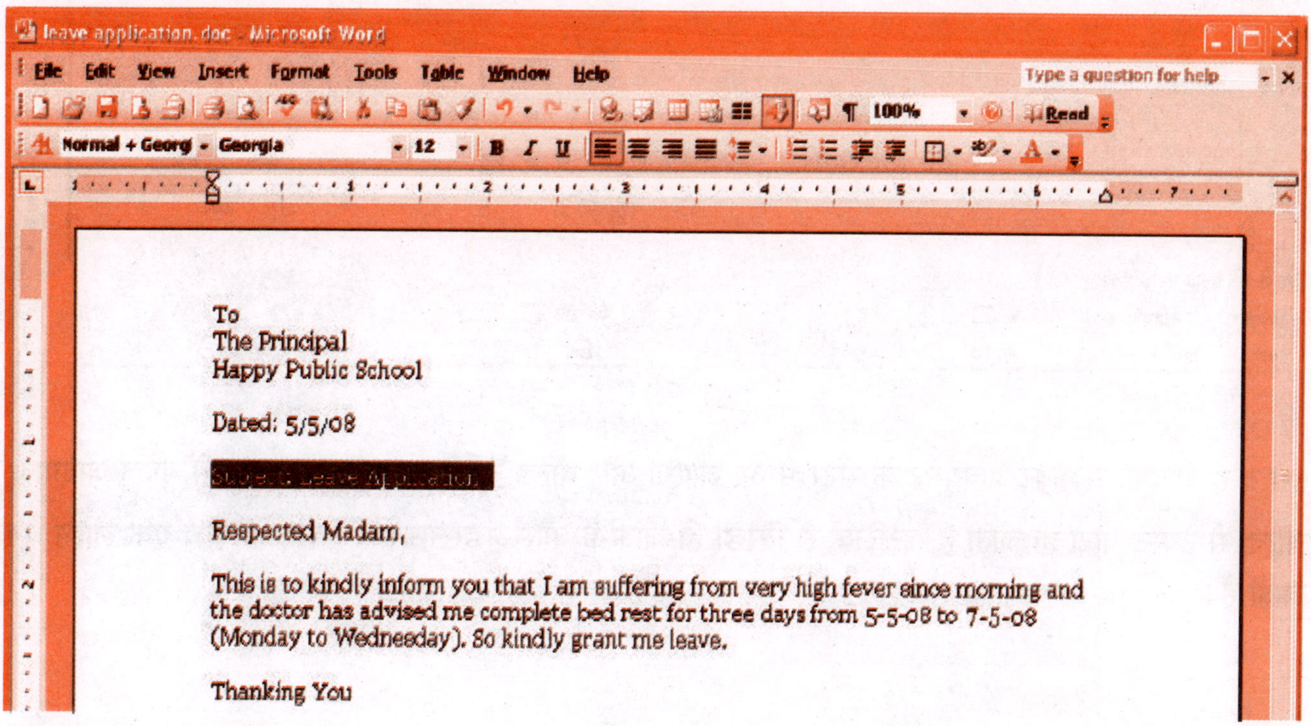

4. Formatting Toolbar में बोल्ड **B**, इटैलिक *I*, अंडरलाइन U और सेंटर एलाइन आइकंस पर क्लिक करिए, जैसा की नीचे दिखाया गया है।

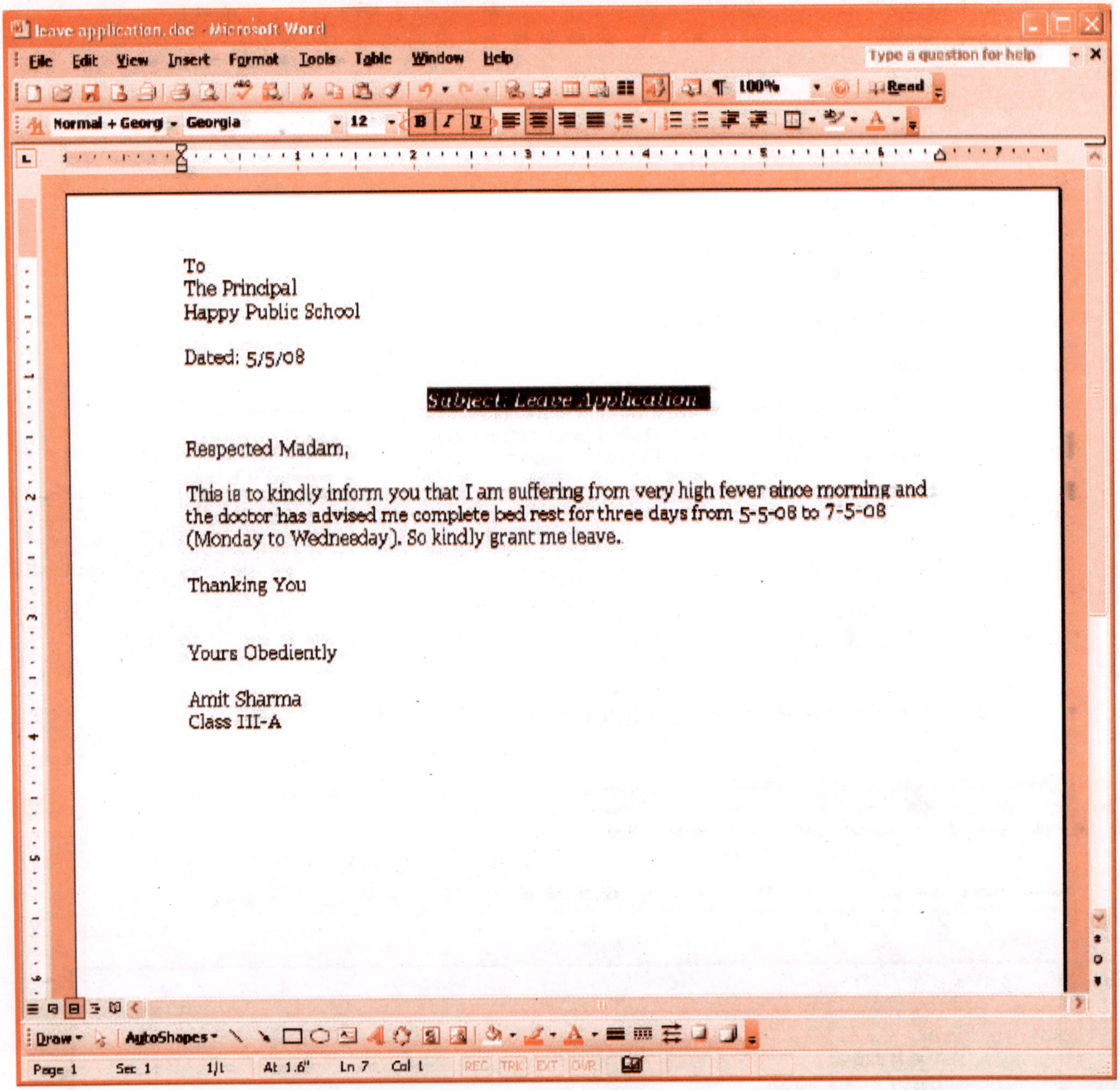

इस तरह आपका सब्जेक्ट डॉक्यूमेंट के सेंटर में आ जाएगा और बोल्ड, इटैलिक एवं अंडरलाइन में बदल जाएगा। बोल्ड से टेक्स्ट मोटा हो जाता है, इटैलिक से तिरछा हो जाता है और अंडरलाइन से टेक्स्ट के नीचे एक लाइन बन जाती है।

5. माउस को ड्रैग करके या **Shift + right arrow key** दबाकर Dated को चुनते हैं।

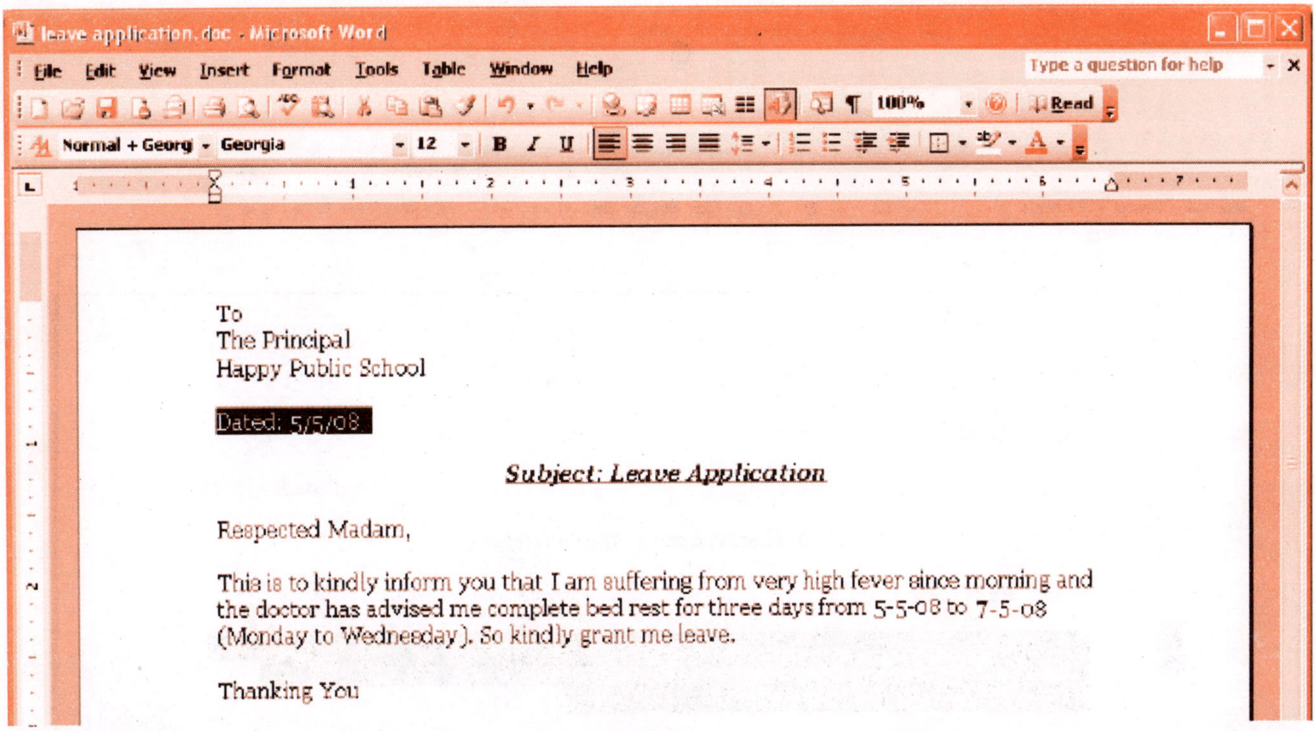

6. Formatting Toolbar से **राइट एलाइन** बटन पर क्लिक करिए।

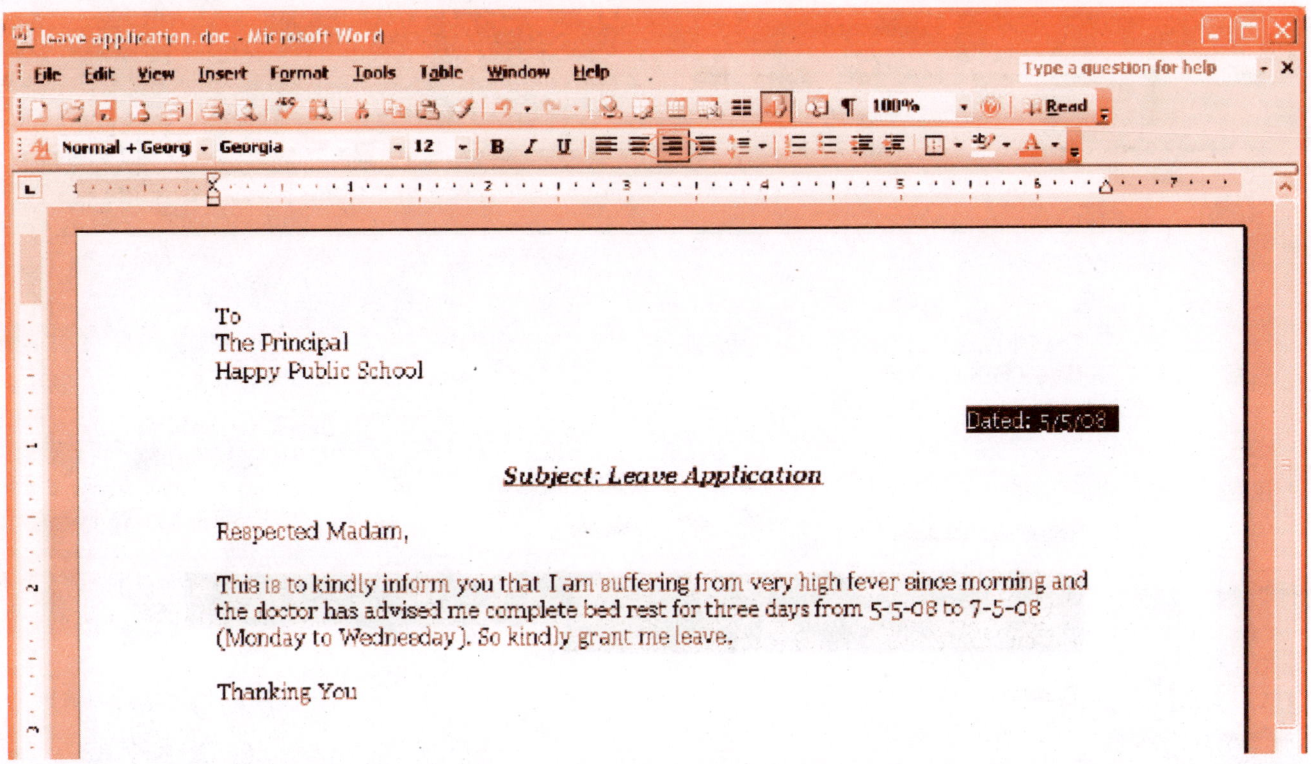

इससे Dated डॉक्यूमेंट के दाईं ओर सेट हो जाएगा।

7. माउस को ड्रैग करके या **Shift + right arrow key** दबाकर पैराग्राफ सिलेक्ट करिए।

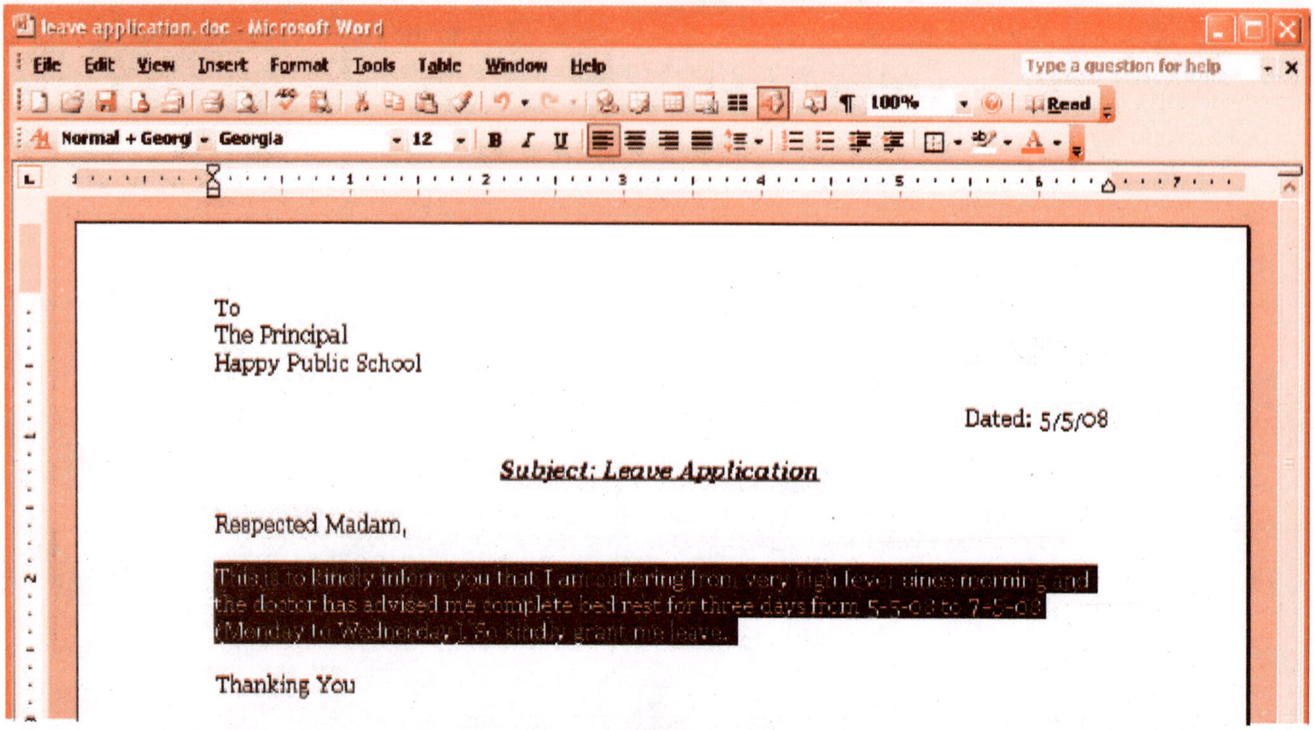

8. Formatting Toolbar में जस्टिफाइ बटन पर क्लिक करिए।

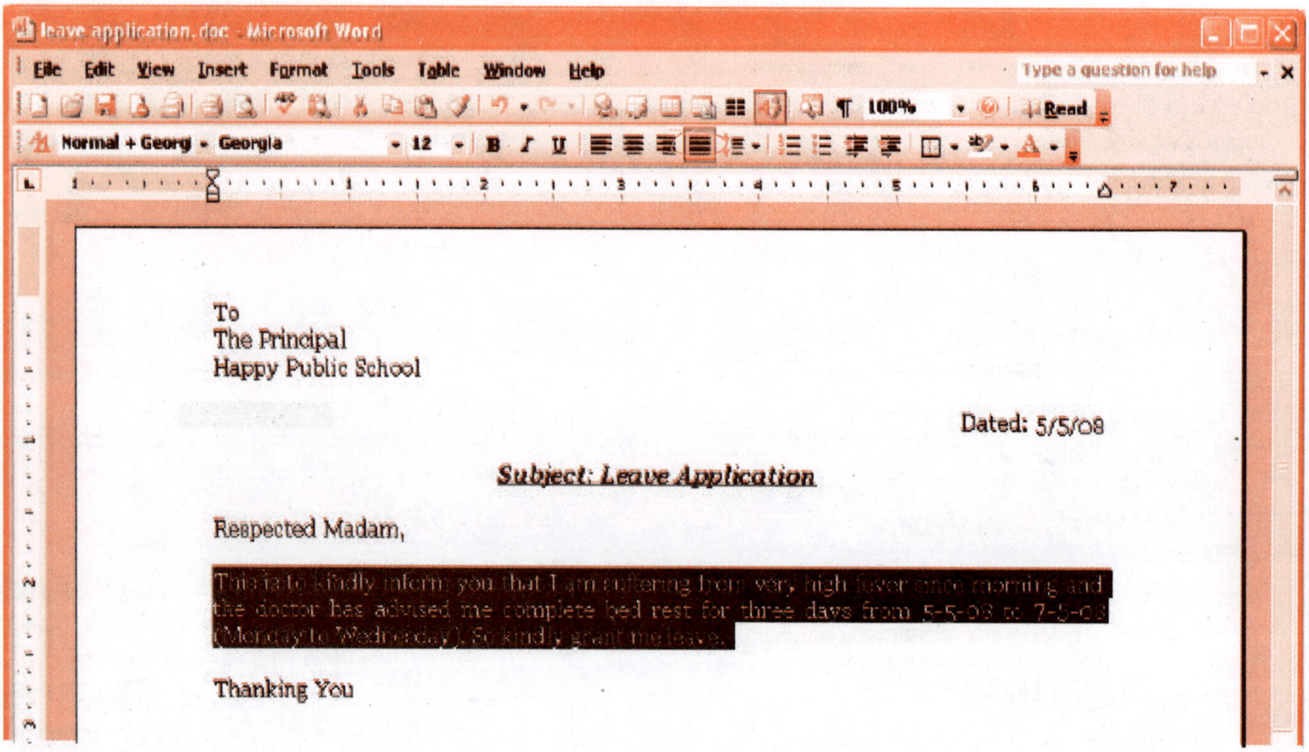

यह पैराग्राफ में टेक्स्ट के बाएँ और दाएँ किनारों को एक सीध में कर देता है।

9. माउस को ड्रैग करके या **Shift + right arrow key** दबाकर पूरे डॉक्यूमेंट को सिलेक्ट करिए।

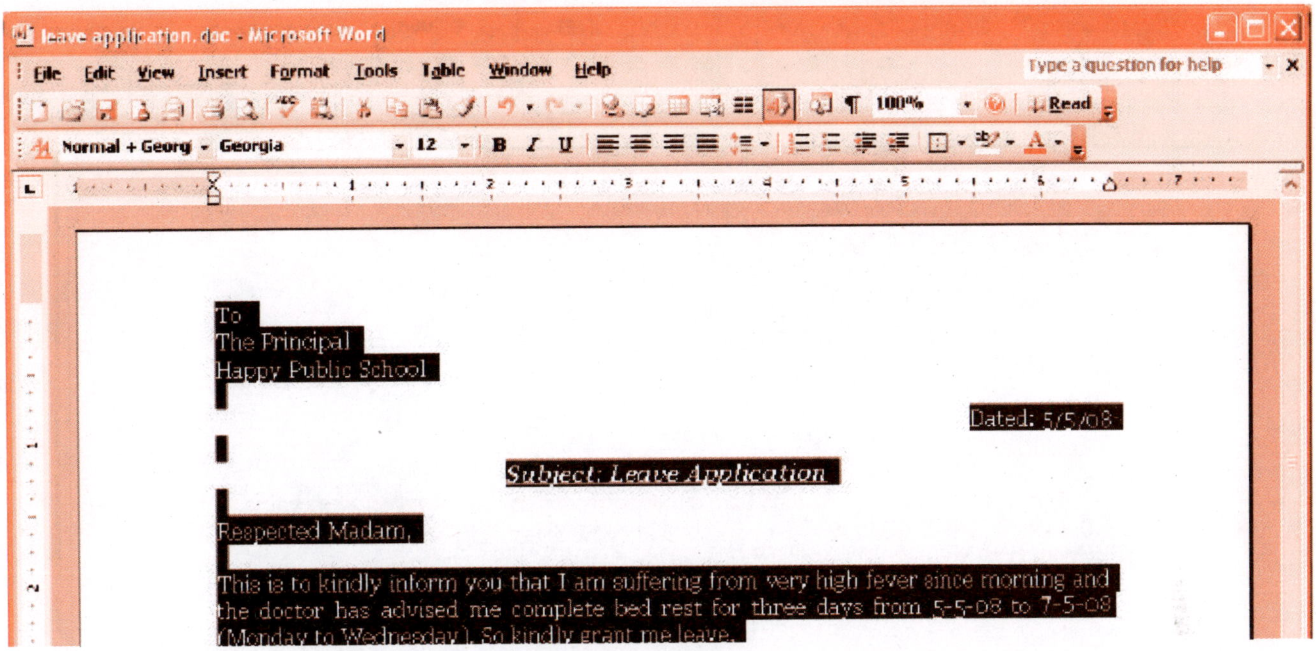

10. Formatting Toolbar में **Font Colour Box** से फॉण्ट का कलर चुनिए।

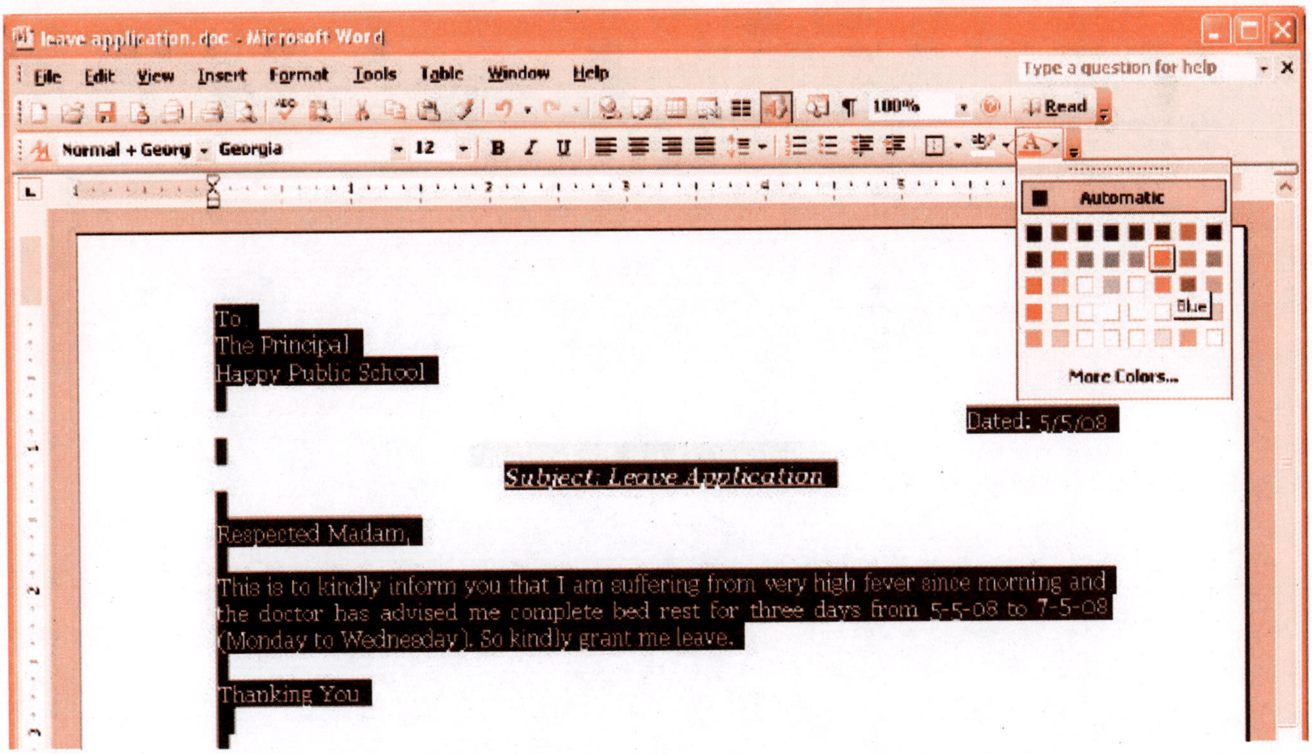

11. इस तरह फॉण्ट का कलर नीला हो जाएगा।

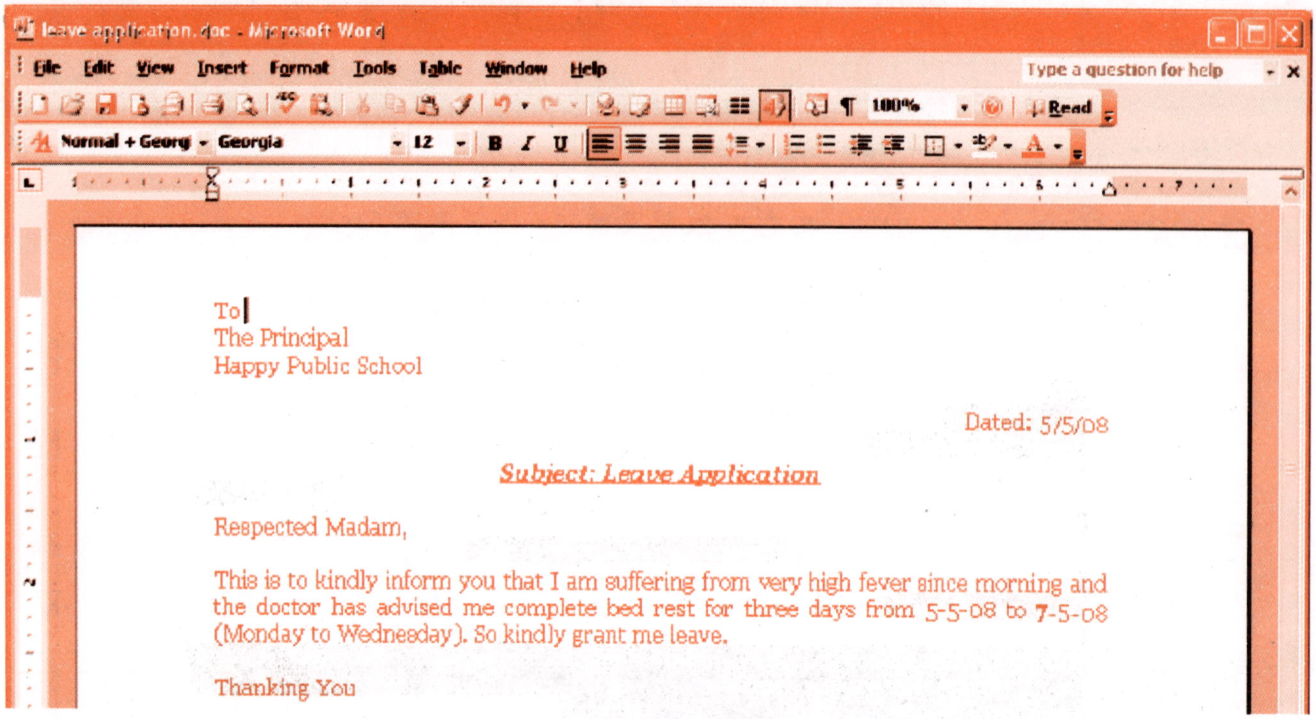

12. माउस को ड्रैग करके या **Shift + right arrow key** दबाकर Subject को सिलेक्ट करिए। जैसा कि दिखाया गया है। इसके बाद Formatting Toolbar के **फॉण्ट साइज बॉक्स** में से फॉण्ट का मनचाहा आकार चुनिए।

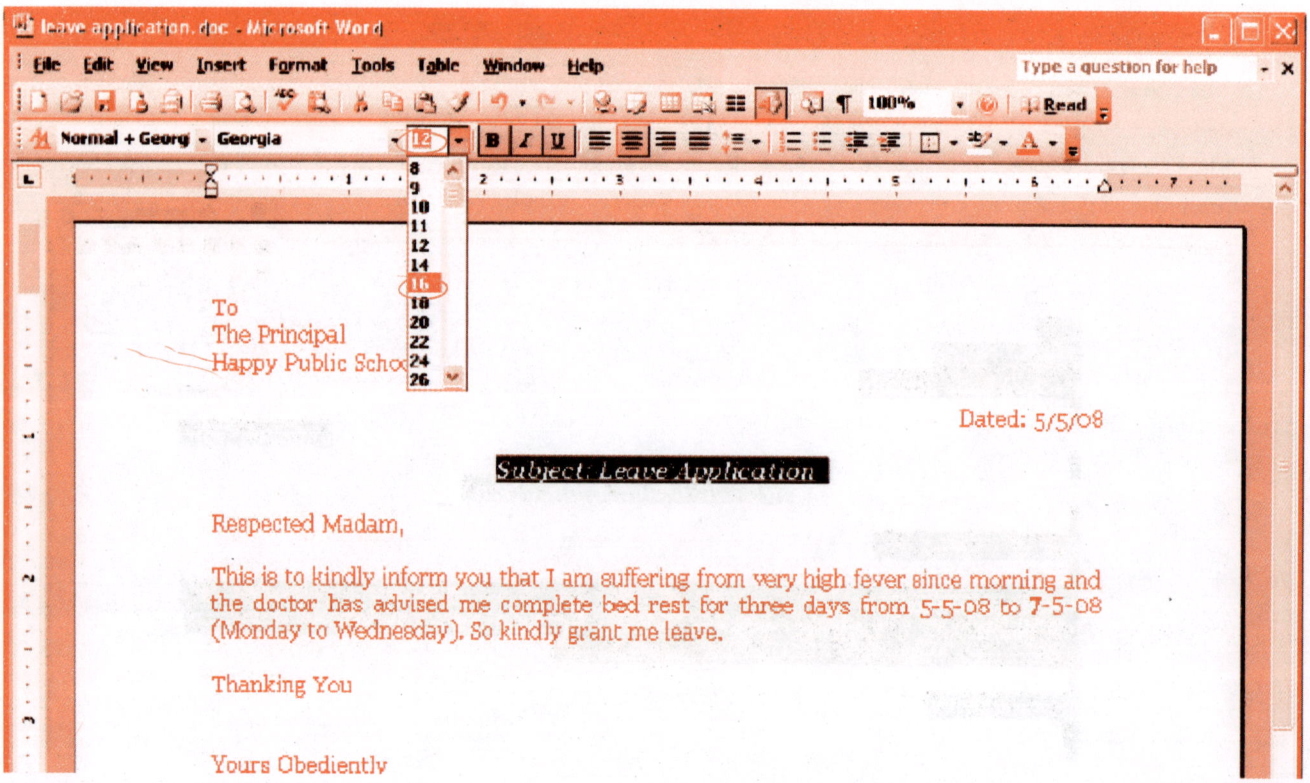

13. इस तरह **Subject** का आकार बढ़ जाएगा।

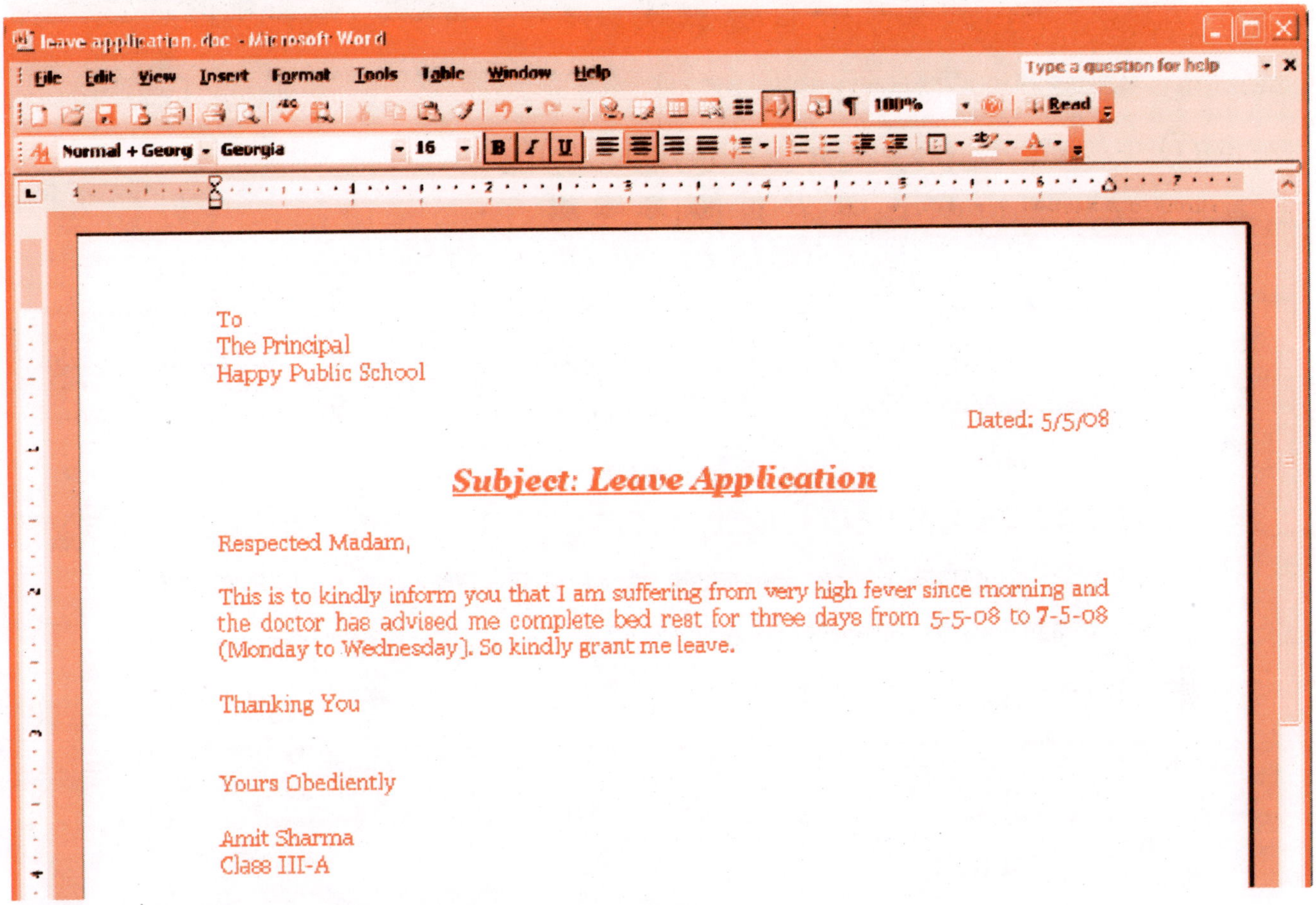

14. भविष्य में इस्तेमाल के लिए डॉक्यूमेंट को Save करें।

याद करें

कुछ महत्त्वपूर्ण शॉर्टकट इस प्रकार हैं—

क.	बोल्ड	Ctrl+B
ख.	इटैलिक	Ctrl+I
ग.	अंडरलाइन	Ctrl+U
घ.	राइट एलाइन	Ctrl+R
ङ.	लेफ्ट एलाइन	Ctrl+L
च.	सेंटर एलाइन	Ctrl+E
छ.	जस्टिफाइ	Ctrl+J
ज.	न्यू	Ctrl+N
झ.	ओपन	Ctrl+O
ञ.	सेव	Ctrl+S

अभ्यास

(अ) नीचे दी गई टूलबार को पहचानिए और उसके कम-से-कम सात बटनों के नाम लिखिए—

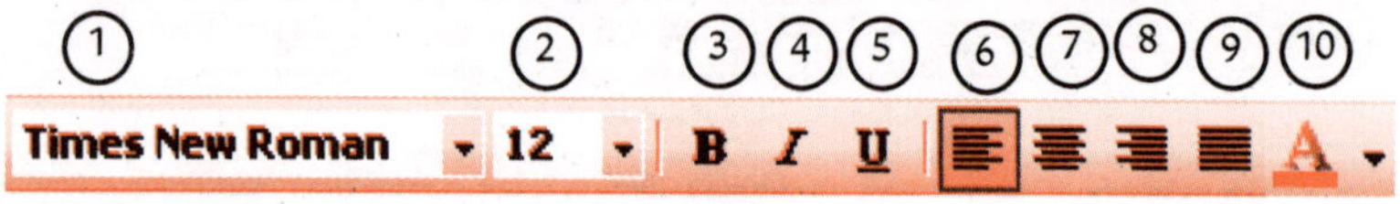

1. ....   2. ....   3. ....

4. ....   5. ....   6. ....

7. ....   8. ....   9. ....

10. ....

(ब) माइक्रोसॉफ्ट वर्ड में एक पत्र लिखिए और उसमें नीचे दिए गए कमांड प्रयोग करिए—

1. बोल्ड   2. इटैलिक   3. अंडरलाइन   4. राइट एलाइन   5. लेफ्ट एलाइन

6. सेंटर एलाइन   7. जस्टिफाइ

(स) माइक्रोसॉफ्ट वर्ड में एक कविता लिखिए और उसमें फॉण्ट का रंग, फॉण्ट और उसका आकार बदलिए। कुछ लुभावने फॉण्ट लगाइए और अपने मित्रों से पूछिए कि वो कविता स्पष्ट दिख रही है या नहीं। फॉण्ट, फॉण्ट साइज और कलर के और बदलाव करके अनुभव लीजिए।

(द) नीचे दी गई की से क्या होता है—

1. Ctrl+J ....

2. Ctrl+E ....

3. Ctrl+L ....

4. Ctrl+I ....

5. Ctrl+UU ....

6. Ctrl+R ....

7. Delete  ....

8. Backspace 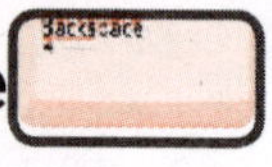 ....

9. Enter  ....

शिक्षकों से

छात्रों को बताइए कि वर्ड में फाइल में काम करने के लिए कौन से फॉण्ट इस्तेमाल करने चाहिए और उनका साइज क्या रखना चाहिए। उन्हें स्पष्ट दिखनेवाले फॉण्ट के बारे में समझाइए, जैसे कि comic sans से Georgia अधिक स्पष्ट होता है।

बहुविकल्पीय प्रश्न

निम्न चार विकल्पों में से सही विकल्प पर निशान (✔) लगाएँ।

1. ओपेन आइकन इस टूलबार में होता है—

अ. फॉरमेटिंग टूलबार ब. स्टैंडर्ड टूलबार
स. स्टेटस बार द. इनमें से कोई नहीं

2. Date and Time विकल्प इसमें होता है—

अ. फाइल मेन्यू ब. इनसर्ट मेन्यू
स. एडिट मेन्यू द. इनमें से कोई नहीं

3. पूरा डॉक्यूमेंट सिलेक्ट करने के लिए इसका प्रयोग करते हैं—

अ. Ctrl+D ब. Ctrl+A
स. Ctrl+E द. इनमें से कोई नहीं

4. फॉण्ट बॉक्स इसमें होता है—

अ. फॉरमेटिंग टूलबार ब. स्टैंडर्ड टूलबार
स. स्टेटस बार द. इनमें से कोई नहीं

5. बोल्ड B, इटैलिक I, अंडरलाइन U और सेंटर एलाइन आइकंस इसमें होते हैं—

अ. फॉरमेटिंग टूलबार ब. स्टैंडर्ड टूलबार
स. स्टेटस बार द. इनमें से कोई नहीं

6. उत्तरों का सही क्रम पहचानिए—

I. बोल्ड	1. Ctrl+I
II. इटैलिक	2. Ctrl+B
III. अंडरलाइन	3. Ctrl+J
IV. जस्टिफाइ	4. Ctrl+U

10 लाइसेंसिंग और पाइरेसी

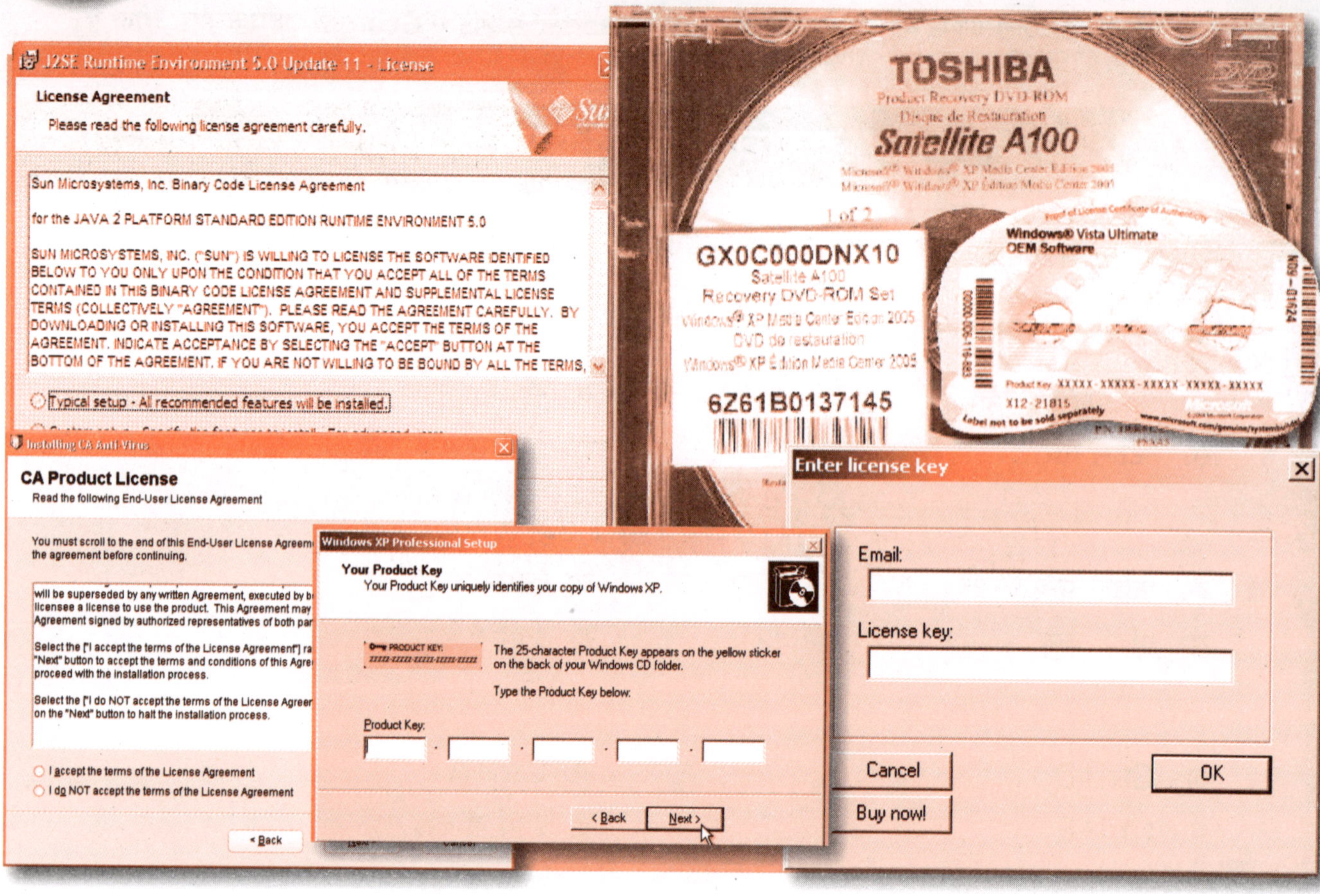

इस पुस्तक में पीछे दो प्रकार के सॉफ्टवेयर के बारे में बताया गया है—नि:शुल्क और व्यावसायिक सॉफ्टवेयर का विकास करनेवाले या निर्माता (व्यक्ति या कंपनी) सॉफ्टवेयर के कॉपीराइट के मालिक होते हैं। सॉफ्टवेयर के कॉपीराइट का मालिक यह निर्णय करता है कि उसे मुफ्त में बाँटा जाए या बेचा जाए। यह मूल्य लाइसेंस शुल्क कहलाता है, जो यूजर सॉफ्टवेयर के मालिक को देता हैं। आइए, अब इस बारे में कुछ और समझें।

सॉफ्टवेयर लाइसेंस क्या है?

लाइसेंस में सॉफ्टवेयर निर्माता द्वारा सॉफ्टवेयर के लिए बनाए गए नियम, सीमाएँ और अनुमति का उल्लेख होता है। इन्हें सॉफ्टवेयर यूजर को पालन करना पड़ता है। सभी सॉफ्टवेयर प्रोग्राम जैसे ऑपरेटिंग सिस्टम, एप्लीकेशन प्रोग्राम, फॉण्ट, गेम आदि कॉपीराइट कानून लाइसेंस से प्रतिबंधित होते हैं।

बिना लाइसेंस के किसी सॉफ्टवेयर को प्रयोग करना अवैध और कानूनन जुर्म है। लाइसेंसी सॉफ्टवेयर की अवैध कॉपी बनाना **सॉफ्टवेयर पाइरेसी** कहलाता है। हमें केवल लाइसेंसी सॉफ्टवेयर प्रयोग करना चाहिए। यद्यपि आप अपने ऑरिजनल सॉफ्टवेयर की एक बैकअप कॉपी बनाकर सी.डी. में रख सकते हैं, परंतु उसे अपने किसी मित्र/रिश्तेदार या किसी अन्य व्यक्ति को देना दंडात्मक अपराध है। इसकी सजा जुर्माना या जेल हो सकती है।

कंप्यूटर सॉफ्टवेयर के लाइसेंस की विधियाँ

फ्रीवेयर

फ्रीवेयर सॉफ्टवेयर निर्माता द्वारा नि:शुल्क बाँटने के लिए कॉपीराइट किए जाते हैं। इसलिए यद्यपि सॉफ्टवेयर नि:शुल्क होते हैं। परंतु इनका सर्वाधिकार निर्माता के पास सुरक्षित होता हैं। इसका अर्थ यह हुआ कि न तो आप उसे बाँट सकते हैं और न बेच सकते हैं, जब तक कि उसका निर्माता उसका अधिकार आपको न दे दे। बहुत बड़ी मात्रा में ऐसे सॉफ्टवेयर हैं जो फ्रीवेयर हैं, परंतु व्यावसायिक सॉफ्टवेयर की तरह शक्तिशाली हैं। उदाहरण के लिए—Jasc Paintshop Pro, Open Office इत्यादि।

शेयरवेयर

शेयरवेयर सॉफ्टवेयर माँग के ऊपर आधार पर बाँटे जाते हैं। अधिकांश शेयरवेयर नि:शुल्क होते हैं। परंतु इनके लिए रजिस्ट्रेशन के लिए निर्माता को छोटा सा शुल्क देना होता है। एक बार रजिस्टर होने के बाद यूजर को सहायता और अपडेट की सुविधा मिलती है। शेयरवेयर को निश्चित होकर बाँटा जा सकता है, लेकिन सभी यूजरों को अपने सॉफ्टवेयर की कॉपी रजिस्टर करनी होती है।

ट्रायल सॉफ्टवेयर

यह शेयरवेयर का ही एक रूप है, जो नि:शुल्क बाँटा जाता है; परंतु उसके संपूर्ण स्वरूप के कुछ उत्तम गुण इसमें नहीं होते। कुछ सॉफ्टवेयर निर्माता सॉफ्टवेयर के पूरे गुण उपलब्ध कराते हैं। परंतु एक निश्चित अवधि के बाद (जैसे 30 दिन) यह काम करना बंद कर देता हैं।

ओपन सोर्स सॉफ्टवेयर

ओपन सोर्स सॉफ्टवेयर की शुरुआत फ्री सॉफ्टवेयर के लिए मार्केटिंग करने के लिए हुई। वह सॉफ्टवेयर जिसका सोर्स कोड कॉपीराइट लाइसेंस के अंतर्गत उपलब्ध है और जो ओपन सोर्स डेफिनेशन की पूर्ति करता हैं, ओपन सोर्स सॉफ्टवेयर कहलाता है। यह यूजर को सॉफ्टवेयर में बदलाव और विकास करने तथा पुन: बाँटने की छूट देता है। यह अकसर सार्वजनिक रूप से मिलकर विकसित किया जाता है। ओपन सोर्स सॉफ्टवेयर के कुछ उदाहरण हैं—लाइनेक्स, ओपन ऑफिस आदि।

open source™

व्यावसायिक लाइसेंस सॉफ्टवेयर

व्यावसायिक सॉफ्टवेयर वह सॉफ्टवेयर होता है, जो लाभ कमाने के लिए बनाया जाता है। इसके लिए सॉफ्टवेयर निर्माता लाइसेंस शुल्क लेता है, जिसके बाद आप सॉफ्टवेयर को कंप्यूटर में इंस्टॉल कर सकते हैं। इसके बदले में निर्माता एक निश्चित अवधि के लिए जैसा कि लाइसेंस में लिखा होता है, डॉक्यूमेंटेशन, सपोर्ट और अपडेट प्रदान करता है। माइक्रोसॉफ्ट ऑफिस, एडोब फोटोशॉप और कोरल ड्रॉ व्यावसायिक सॉफ्टवेयर के उदाहरण हैं।

याद करें

1. सॉफ्टवेयर लाइसेंस के कुछ निश्चित नियम-कानून होते हैं, जिन्हें सॉफ्टवेयर यूजर को पालन करना होता है।
2. फ्रीवेयर एक कॉपीराइट सॉफ्टवेयर है, जो निर्माता द्वारा नि:शुल्क बाँटा जाता है।
3. शेयरवेयर सॉफ्टवेयर नि:शुल्क बाँटे जाते हैं, परंतु एक बार रजिस्ट्रेशन के लिए शुल्क देना होता है, जिससे सपोर्ट और अपडेट मिल सके।
4. ट्रायल सॉफ्टवेयर शेयरवेयर का ही एक रूप है, जो नि:शुल्क बाँटा जाता है; परंतु इसके संपूर्ण रूप में मिलनेवाले कुछ आवश्यक गुणों से वंचित रहना होता है, जैसे डॉक्यूमेंट सेव करना आदि।
5. ओपन सोर्स सॉफ्टवेयर यूजर को प्रयोग करने, बदलाव करने और विकसित करने के अतिरिक्त पुन: बाँटने की छूट देता है।

अभ्यास

(अ) सही के लिए (स) गलत के लिए (ग) लिखिए—

1. व्यावसायिक सॉफ्टवेयर का प्रयोग अवैध एवं कानून की दृष्टि से दंडनीय है। ☐
2. अधिकतर शेयरवेयर नि:शुल्क मिलते हैं। ☐
3. ऐसा सॉफ्टवेयर जो कुछ समय बाद, जैसे 30 दिन में बंद हो जाता है, उसे ओपन सोर्स सॉफ्टवेयर कहते हैं। ☐
4. LINUX एक शेयरवेयर सॉफ्टवेयर है। ☐

(ब) निम्न पर संक्षिप्त टिप्पणी लिखिए—

1. सॉफ्टवेयर लाइसेंस 2. फ्रीवेयर 3. ओपन सोर्स सॉफ्टवेयर

शिक्षकों से

यह विषय छात्रों के लिए कठिन हो सकता है। इसे स्पष्ट करने के लिए सॉफ्टवेयर में लाइसेंस की जानकारी दिखाएँ। उसे बताने का उद्‌देश्य यह है कि उन्हें सही और गलत के बारे में पता चले। छात्रों को स्कूल में उपलब्ध ऑरिजनल सॉफ्टवेयर जैसे विंडोज, ऑफिस या किसी अन्य सॉफ्टवेयर के लाइसेंस दिखाएँ। हजारों ओपन सोर्स सॉफ्टवेयर उपलब्ध हैं। आप इन्हें आसानी से डाउनलोड करके नि:शुल्क प्रयोग कर सकते हैं। ऐसा करने के बारे में समझाएँ और प्रोत्साहित करें।

बहुविकल्पीय प्रश्न

निम्न चार विकल्पों में से सही विकल्प पर निशान (✔) लगाएँ।

1. बिना.............................के सॉफ्टवेयर का प्रयोग अवैध एवं कानून की दृष्टि में दंडनीय है—

अ. एग्रीमेंट | ब. लाइसेंस
स. पॉलिसी | द. कॉण्ट्रेक्ट

2. लाइसेंस सॉफ्टवेयर की अवैध कॉपी बनाना यह कहलाता है—

अ. सॉफ्टवेयर प्राइवेसी | ब. सॉफ्टवेयर पाइरेसी
स. सॉफ्टवेयर बैक-अप | द. सॉफ्टवेयर क्लोनिंग

3. ....कॉपीराइट सॉफ्टवेयर है, जिन्हें निर्माता द्वारा निःशुल्क बाँटा जाता है।

अ. शेयरवेयर | ब. फ्रीवेयर
स. ट्रायल वेयर | द. इनमें से कोई नहीं

4. ....ऐसे सॉफ्टवेयर हैं, जिन्हें रिक्वेस्ट सिस्टम के आधार पर बाँटा जाता है—

अ. शेयरवेयर | ब. फ्रीवेयर
स. ट्रायल वेयर | द. इनमें से कोई नहीं

5. यह ऐसा सॉफ्टवेयर है, जिसे निःशुल्क बाँटा जाता है, लेकिन इसमें सॉफ्टवेयर के प्रमुख एवं उन्नत गुण नहीं मिलते—

अ. शेयरवेयर | ब. फ्रीवेयर
स. ट्रायल वेयर | द. इनमें से कोई नहीं

6. ....यूजर को सॉफ्टवेयर में बदलाव, विकास और पुनः बाँटने के लिए अनुमति देता है—

अ. शेयरवेयर | ब. फ्रीवेयर
स. ट्रायल वेयर | द. ओपन सोर्स सॉफ्टवेयर

7. व्यावसायिक सॉफ्टवेयर वह सॉफ्टवेयर है, जो लाभ कमाने के लिए बनाया जाता है—

अ. शेयरवेयर | ब. फ्रीवेयर
स. व्यावसायिक लाइसेंसवाले सॉफ्टवेयर | द. ओपन सोर्स सॉफ्टवेयर

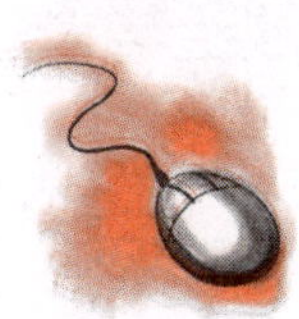

उत्तरमाला

अध्याय 1

(अ) निम्न का मिलान करें—

1. ब   2. ठ   3. द   4. स   5. ट   6. छ   7. अ

(स) सही के लिए (स) गलत के लिए (ग) लिखिए—

1. स   2. ग   3. स   4. स   5. ग   6. स   7. स
8. ग   9. स   10. ग

(द) इनका पूरा नाम लिखिए—

1. डिस्क ऑपरेटिंग सिस्टम   2. ग्राफिक यूजर इंटरफेस
3. ऑपरेटिंग सिस्टम

(च) शब्दों की सहायता से रिक्त स्थान भरें—

1. डॉस   2. एमबेडेड   3. यूनिक्स   4. मैक ओ.एस.   5. एप्लीकेशन सुइट

बहुविकल्पीय प्रश्न

1. स   2. ब   3. ब   4. स   5. स   6. द   7. द
8. ब   9. स   10. ब   11. द   12. द

अध्याय 2

(अ) शब्दों की सहायता से रिक्त स्थान भरें—

1. माई कंप्यूटर   2. फाइल   3. फोल्डर   4. फोल्डर्स   5. शॉर्टकट मेन्यू
6. ड्रैगिंग

(ब) निम्न का मिलान करें—

1. च   2. अ   3. ब   4. स   5. छ   6. द

बहुविकल्पीय प्रश्न

1. ब   2. स   3. ब   4. अ   5. ब   6. ब   7. ब
8. ब   9. अ   10. स   11. स   12. द

अध्याय 3

(ब) फोल्डरों के अनुसार फाइलों के क्रमांक को सही क्रम में लिखें—

1. ब 2. ब 3. ब 4. ब 5. स 6. स 7. स
8. अ 9. अ 10. अ

(स) शब्दों की सहायता से रिक्त स्थान भरें—

1. 255, 3–4 2. डॉक 3. एक्स.एल.एस. 4. रीसाइकल बिन

बहुविकल्पीय प्रश्न

1. ब 2. स 3. स 4. स 5. अ 6. ब 7. ब

अध्याय 4

(अ) निम्न का मिलान करें—

1. ब 2. अ 3. द 4. स 5. ज 6. च 7. छ

(ब) निम्न आइकन को पहचानिए—

1. साउंड रिकॉर्डर 2. वॉल्यूम कंट्रोल 3. विंडोज मीडिया प्लेयर 4. नोटपैड
5. वर्डपैड 6. कैलकुलेटर

बहुविकल्पीय प्रश्न

1. ब 2. ब 3. ब 4. ब 5. स 6. ब 7. स

अध्याय 5

(ब) शब्दों की सहायता से रिक्त स्थान भरें—

1. फ्लॉपी, सी.डी., पेनड्राइव्स 2. रेस्क्यू डिस्क 3. सेविंग 4. रीस्टोर

(स) निम्न का मिलान करें—

1. द 2. ब 3. च 4. स 5. अ

बहुविकल्पीय प्रश्न

1. स 2. द 3. द 4. द 5. स

अध्याय 6

(अ) शब्दों की सहायता से रिक्त स्थान भरें—

1. .DOC 2. .XLS 3. .PPT 4. जोहो ऑनलाइन, गूगल डॉक्स
5. ओपन ऑफिस

(द) यदि आप महीने के व्यय को प्रत्येक वस्तु के अलग-अलग मूल्य के साथ जोड़ना चाहते हैं तो कौन सा प्रोग्राम प्रयोग करेंगे?

माइक्रोसॉफ्ट एक्सेल

(च) क्या आप निम्न आइकंस पहचान सकते हैं? इन प्रोग्रामों के नाम लिखिए—

1. माइक्रोसॉफ्ट वर्ड 2. माइक्रोसॉफ्ट एक्सेस 3. माइक्रोसॉफ्ट आउटलुक
4. माइक्रोसॉफ्ट एक्सेल 5. माइक्रोसॉफ्ट पावरपॉइंट

बहुविकल्पीय प्रश्न

1. द 2. द 3. द 4. स 5. स 6. ब 7. अ
8. स 9. द 10. ब 11. अ 12. ब 13. स

अध्याय 7

(अ) शब्दों की सहायता से रिक्त स्थान भरें—

1. प्रोग्राम मेन्यू 2. मेन्यू बार 3. टूलबार्स 4. टेक्स्ट एरिया 5. व्यू, प्रिंट व्यू
6. स्टेटस बार 7. होरिजोंटल, वर्टीकल 8. कंट्रोल 9. नेवीगेशन

(ब) निम्न का मिलान करें—

1. द 2. च 3. अ 4. ब 5. स

बहुविकल्पीय प्रश्न

1. ब 2. अ 3. स 4. द 5. अ 6. ब 7. ब
8. अ 9. द 10. स

अध्याय 8

(ब) नीचे दी गई की को पहचानें—

1. डिलीट की 2. बैकस्पेस की 3. एंटर की

(स) नीचे दिए गए की कंबीनेशंस इसे क्या होगा?

1. कॉपी 2. सिलेक्ट ऑल 3. कट 4. पेस्ट 5. सिलेक्ट टेक्स्ट
6. अनडू 7. सेव 8. न्यू डॉक्यूमेंट 9. ओपन फाइल

बहुविकल्पीय प्रश्न

1. ब 2. अ 3. द 4. ब 5. स

अध्याय 9

(अ) नीचे दी गई टूलबार को पहचानिए और उसके कम-से-कम सात बटनों के नाम लिखिए—

1. फॉण्ट 2. फॉण्ट साइज 3. बोल्ड 4. इटैलिक 5. अंडरलाइन 6. लेफ्ट एलाइन 7. सेंटर एलाइन 8. राइट एलाइन 9. जस्टिफाइ एलाइन 10. फॉण्ट कलर

(द) नीचे दी गई की से क्या होता है?

1. जस्टिफाइ टेक्स्ट 2. सेंटर एलाइन टेक्स्ट 3. लेफ्ट एलाइन टेक्स्ट 4. इटैलिक टेक्स्ट 5. अंडरलाइन टेक्स्ट 6. राइट एलाइन टेक्स्ट 7. डिलीट टेक्स्ट 8. कर्सर के पहले का टेक्स्ट मिटाना 9. नया पैराग्राफ बनाएँ

बहुविकल्पीय प्रश्न

1. ब 2. ब 3. ब 4. अ 5. अ 6. अ

अध्याय 10

(स) सही के लिए (स) गलत के लिए (ग) लिखिए—

1. स 2. ग 3. ग 4. ग

बहुविकल्पीय प्रश्न

1. ब 2. ब 3. ब 4. अ 5. स 6. द 7. स